オーブンなし、型なしからはじめられるレシピ

贈りたくなるスイーツ

Chez Sucre　砂糖の家

ONE PUBLISHING

Introduction

こんにちは！

Chez Sucre　砂糖の家です。

この度はこの本を手に取っていただき、ありがとうございます。

元々、私は調理師として活動していましたが、

スイーツ作りの経験はほとんどありませんでした。

でも、一人のお客様に贈ったアシェット・デセール（皿盛りのデザート）に

感動していただいたことをきっかけに

スイーツのもつ魅力に気づき、料理だけではなくスイーツ作りもはじめました。

スイーツ作りではこれまで数えきれないほどの失敗を重ねましたが、

「誰かに贈って喜ばれるようなスイーツを作りたい」という気持ちで

失敗しても諦めず継続したおかげで今の自分があると思っております。

これからスイーツ作りをはじめたい方に「作る喜び」を感じてもらいたい、

そのきっかけになればと思い2018年にYouTubeチャンネルを開設しました。

動画やこの本をきっかけに一人でも多くの方が、

スイーツ作りを好きになってくれたらうれしく思います。

Chez Sucre　砂糖の家

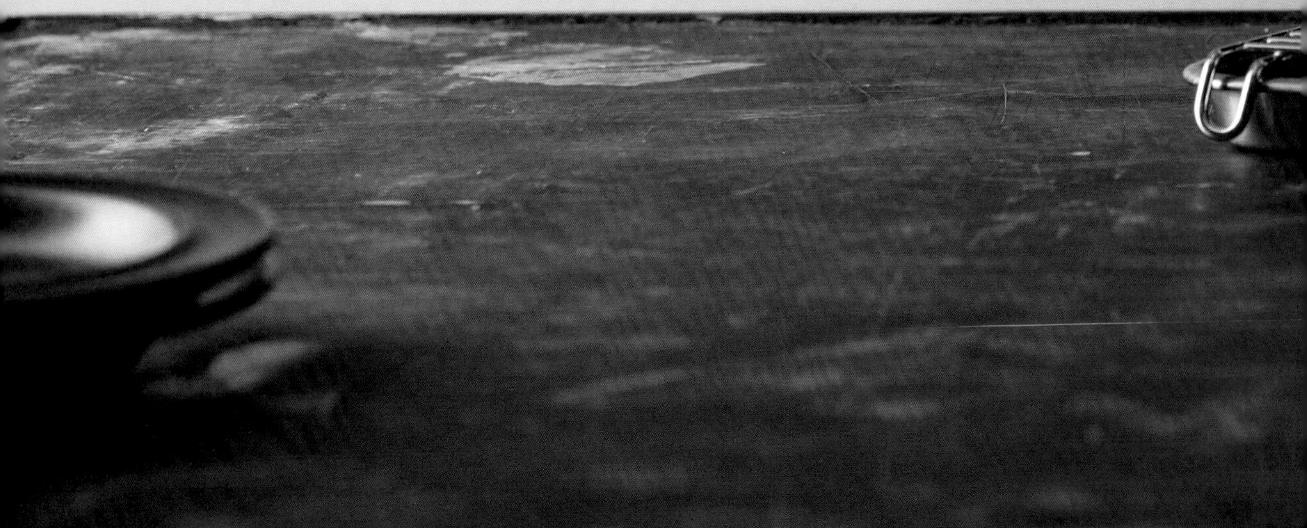

YouTubeチャンネル『Chez Sucre　砂糖の家』の
ジャンルも豊富な人気スイーツを厳選!!

登録者数37.2万人（2021年11月現在）のYouTubeチャンネル『Chez Sucre　砂糖の家』で人気のスイーツレシピや本書にて初公開のオリジナルレシピを数多く紹介。
「大好評だったスイーツ」、「お手軽スイーツ」、「ちょっぴり張り切って作るスイーツ」といった、人気のスイーツだけを厳選して紹介しています。チャンネル内でも反響の多かったチョコレートを使ったスイーツも充実しています。
テリーヌやタルト、チーズケーキ、ドーナッツ、シュークリーム、クッキーなど、スイーツのジャンルもさまざま。気になるスイーツをぜひ、作ってみてください。

☆ *Chapter 3*

YouTubeチャンネルで大人気！

大好評スイーツ

☆ *Chapter 4*

ちょっぴり張り切りたい！

オーブンで作るベイクドスイーツ

使用しているチョコレートについて

ひと口にチョコレートといっても、入っているカカオの量や
使用する目的によって違いがあります。本書で使用しているチョコレートの種類と特徴を紹介します。

クーベルチュールチョコレート

「クーベルチュール」とはフランス語で「カバー」という意味です。ケーキなどの表面を覆うためのチョコレートなので、この名前がつけられました。成分は割合に厳格な規定があり、これはカカオとのバランスで脂肪分が十分に含まれていないときれいにコーティングができないためです。

クーベルチュール スイートフレーク（カカオ56%）

カカオ分が56%なので甘すぎず、シャープな苦味が出ます。フレーク状で溶けやすくて口溶けもよく、ほどよい甘味のスイーツにおすすめです。

クーベルチュールチョコレート
フレーク（スイート）／富澤商店

クーベルチュール ホワイトフレーク（カカオ40%）

クリームではなく牛乳系のミルク感が出ます。フレーク状で溶けやすく、口溶けもよく、濃厚なミルク系の味が好きな人におすすめのチョコレートです。

クーベルチュールチョコレート
フレーク（ホワイト）／富澤商店

コーティング用チョコレート

ケーキなどの仕上げでチョコレートコーティングするためのものです。硬化油が入っているので、融点を高くして油脂を硬化して常温で固まります。このチョコレートを使うと、温度管理をしながら行う「テンパリング」という作業の必要がないので、簡単にコーティングできます。

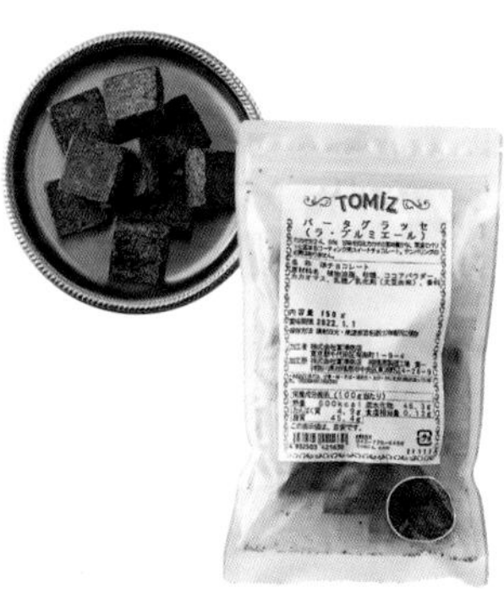

パータグラッセ

コーティング用チョコレートのフランス語が「パータグラッセ」。カカオ分24.9%なのでカカオの風味も豊かで、甘味もほどよく抑えられています。

パータグラッセ　ラ・プルミエール／富澤商店

板チョコレート

板状にしたチョコレート。市販の板チョコレートには、カカオバター以外の油脂が添加されているものも多く、砂糖や全粉乳などさまざまな成分が配合されているので、甘味が強いのが特徴です。

ブラックの板チョコレート

通常の板チョコレートよりカカオ分が多いので甘味が少ないチョコレート。シャープでビターな味わいです。

明治ブラックチョコレート／株式会社明治

ホワイトの板チョコレート

ミルク感を加えて作られるミルキーな味のチョコレート。まろやかなコクと甘味を感じられる味わいです。

明治ホワイトチョコレート／株式会社明治

手作りできる型と道具

本書で使用している牛乳パックで作る型と、デコレーションに便利なチョコペンの作り方を紹介します。

牛乳パックで作るオリジナルの型

製菓用の型がなくても牛乳パックがあれば3種類の型が簡単に作れます。

パウンド型風

1 カッターで1つの側面の角に沿って四方を切る。

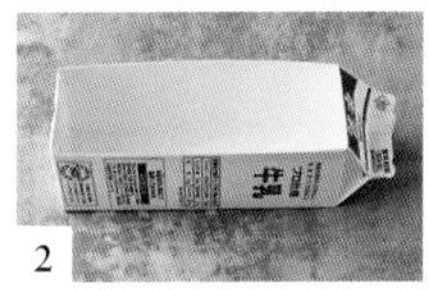

2 切った面を取り除く。

3 注ぎ口の部分を折り込み、クリップで留める。

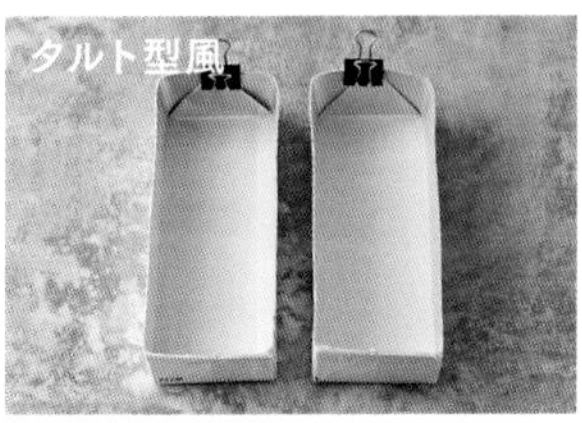

タルト型風

1 カッターで真ん中から切る。

2 底の部分ははさみで切り、2つに分ける。

3 注ぎ口の部分を折り込み、クリップで留める。

三角の型

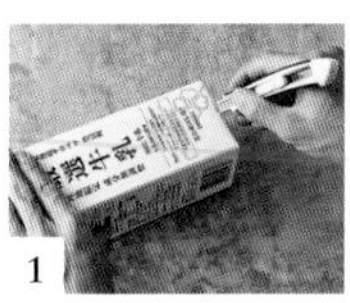

1 カッターで底の部分を切り取る。

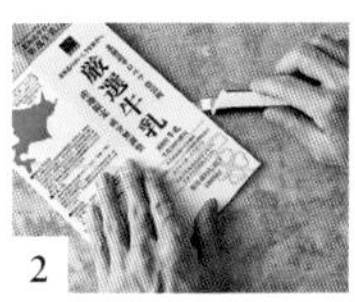

2 角の部分を切って開く。

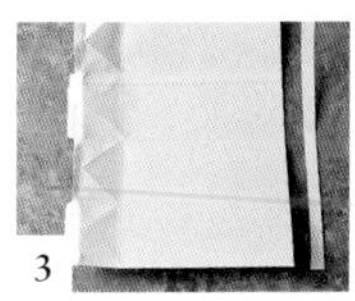

3 1cm幅に切る。

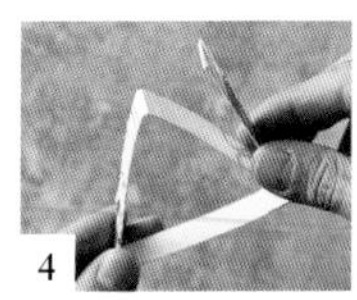

4 三角形を作り両面テープで留める。

チョコペンの作り方

美しくスイーツを仕上げるために覚えておきたいチョコペンの作り方です。

完成図

1 クッキングシートを三角形に切る。

2 底辺の中心を左手で押さえ、巻いていく。

3 巻き終わったら形を整える。

4 巻き終わりの端を折ってすき間に差し込み、留める。

本書の使い方

紹介しているレシピの見方と調理上の注意点などを紹介します。

❶ シェフのコメント

シェフからのおすすめポイントや作るときのコツ、味の特徴などについて解説。

❷ プロセス写真

すべての調理工程は写真つきで紹介。見ながら作れるので初心者でも安心して作業ができる。

❸ 調理メモ

各調理工程におけるコツやおいしく、美しく作り上げるためのひと言アドバイス。

❹ アドバイス

調理上で気をつけたいポイントや、アレンジレシピ、簡単に作れるアイデアを紹介。

レシピ表記と調理上の注意点について

- ひとつまみは親指と人さし指、中指の3本でつまんだ量です。
- 市販品のパイシートのサイズは17.5×10.5cmのものを使用しています。
- 電子レンジの加熱時間は500Wを基準にしています。600Wで使用する場合は0.85倍の時間にしてください。使用の際は、必ず耐熱性の道具をお使いください。
- 電子レンジ、オーブン、トースターはメーカーや機種により違いがありますので、様子を見ながら加減してください。
- チョコレートを電子レンジで溶かすときは、焦げてしまわないように20秒程度の加熱を数回に分けて温めるようにしてください。
- 道具はきれいにふいてから使用してください。水分や油分がついていると生地が分離したり、傷んだりする原因になります。
- YouTubeチャンネルに載っているレシピを、作りやすい材料や分量、作り方に変更して掲載しています。

Chapter 1

特別な型を使わない！

お手軽スイーツ

製菓用の型がなくても作れるレシピを集めました。
手作りの牛乳パックの型で作れるタルトや
ボウルで作るチョコレートプリン、
お好みの器で作るゼリーなど
アイデアレシピが満載です。

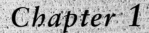

材料3つの
生チョコレート

「生チョコですが生クリームではなく
あえて牛乳を使ってお手軽に
作れるようになっています。」

材料（24個分）

生チョコレート

クーベルチュールスイート
フレーク（カカオ56％）…300g
牛乳……………………………170mℓ

仕上げ用

コーティング用チョコレート
……………………………200g

★生チョコレートを作る

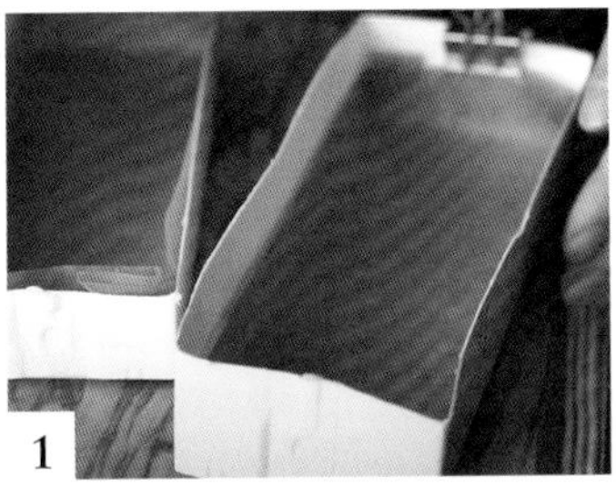

1

牛乳パックの型(タルト型風・作り方はP.9参照)にオーブンシートを敷いておく。

2

耐熱ボウルにクーベルチュールを入れ、電子レンジで20秒ずつ加熱して溶かす。

3

耐熱の計量容器に牛乳を入れ、電子レンジで30秒加熱して温め、60℃くらいになったら**2**に加え、混ぜて乳化させる。

表面に多少の気泡が浮いてきますが、竹串などで潰すときれいに仕上がります

4

1に流し込み、ラップをして冷蔵庫で2時間ほど冷やし固める。

切るときはコンロなどで包丁を温めるときれいに切れます

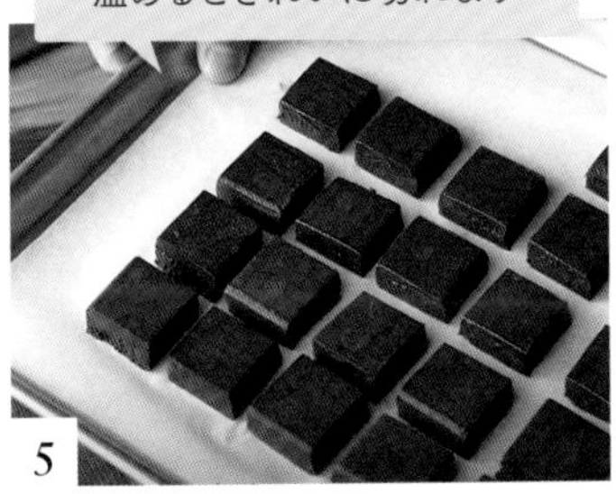

5

4を型から外し、温めた包丁でひと口大に切り分ける。

★仕上げをする

6

耐熱ボウルにチョコレートを入れ、電子レンジで20秒ずつ加熱して溶かす。

コーティング用チョコレートが冷めるとコーティングしにくいので、冷たくなったら電子レンジで軽く温めてください

7

耐熱容器に移して、金串を刺した**5**をくぐらせて余計なチョコレートを落とし、コーティングする。

8

天板に並べ、余ったチョコレートをチョコペン(作り方はP.9参照)に入れて飾る。

Advice

気をつけたいポイント

チョコレートはとてもやわらかいので、切り分け後、冷凍庫で冷やし固めてもOKです。

シンプルな生チョコレート

「甘いだけじゃない生チョコにするために、
作り方は定番の生チョコですが、
コーヒーを加えて大人っぽい味つけにしました。」

材料（作りやすい分量）

生チョコレート

クーベルチュールスイート
　フレーク（カカオ56％）‥240g
生クリーム（35％）………110mℓ
水あめ ………………………15g
インスタントコーヒー（粉）‥5g
食塩不使用バター …………30g

仕上げ用

ココアパウダー……………適量

★ 生チョコレートを作る

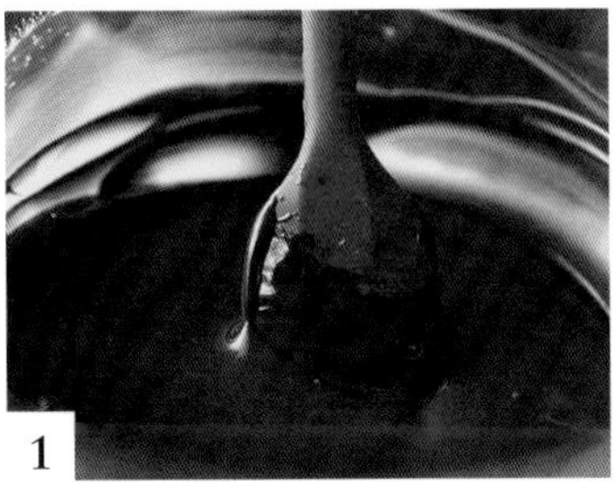

1

耐熱ボウルにクーベルチュールを入れ、電子レンジで20秒ずつ加熱して溶かす。

2

鍋に生クリーム、水あめを入れて温めながら混ぜ、コーヒー、バターを加えてさらに混ぜる。

3

1に**2**を加えて混ぜ、乳化させる。

4

牛乳パックの型（タルト型風・作り方はP.9参照）にオーブンシートを敷いて流し込み、ラップをして冷蔵庫で2時間ほど冷やし固める。

★ 仕上げをする

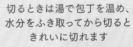

切るときは湯で包丁を温め、
水分をふき取ってから切ると
きれいに切れます

5

ココアパウダーをふり、型から外してひっくり返し、2.5㎝角に切る。

6

さらに表面にココアパウダーをふる。

チョコレートトリュフ

「折角手作りするので、よく見る丸型ではなく、
愛情が感じられるハート型にして作ったトリュフチョコレートです。」

材料（13個分）※個数分のスティックを用意しておきましょう。

生チョコレート
クーベルチュールスイート
フレーク（カカオ56%）…160g
生クリーム（35%）………60mℓ
はちみつ（水あめでも可）…10g

仕上げ用
コーティング用チョコレート
……………………………適量
クーベルチュールホワイト
フレーク（カカオ40%）、
ピスタチオ、ドライフラン
ボワーズ………………各適量

☆ 生チョコレートを作る

1

耐熱ボウルにクーベルチュールを入れ、電子レンジで20秒ずつ加熱して溶かす。

2

耐熱容器に生クリーム、はちみつを入れて電子レンジで40秒加熱して温め、1に加えて混ぜる。

乳化後のかたさは、ゴムベラを持ち上げたとき、ボテッと落ちるくらいが目安です

3

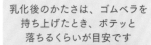

ボウルの中心からゴムベラを押し当て、少しずつ乳化させる。

4

絞り袋に3を入れ、ラップまたはシリコンシートの上にハート形に絞る。

スティックはなるべく深めに刺しましょう

5

スティックを突き刺し、冷蔵庫で冷やし固める。

☆ 仕上げをする

6

耐熱容器にチョコレートを入れ、電子レンジで20秒ずつ加熱して溶かす。

7

5を6にくぐらせてコーティングし、冷蔵庫で冷やし固める。

8

チョコペン（作り方はP.9参照）で耐熱ボウルに入れて電子レンジで20秒ずつ加熱して溶かしたホワイトチョコレートをかけ、刻んだピスタチオ、ドライフランボワーズをのせる。

生チョコタルト

「生クリームを使わず、身近な牛乳を使いました。
カシューナッツとくるみのトッピングでより華やかに仕上げています。」

材料（牛乳パックの型1台分）

クッキー生地
クッキー……………………50g
食塩不使用バター（溶かす）
………40g分※有塩でもOK

チョコレート生地
クーベルチュールスイート
フレーク（カカオ56%）‥200g
牛乳（無調整）……………100mℓ

仕上げ用
ココアパウダー、くるみ、
カシューナッツ………各適量

クッキー生地を作る

1

牛乳パックの型(タルト型風・作り方はP.9参照)にオーブンシートを敷く。

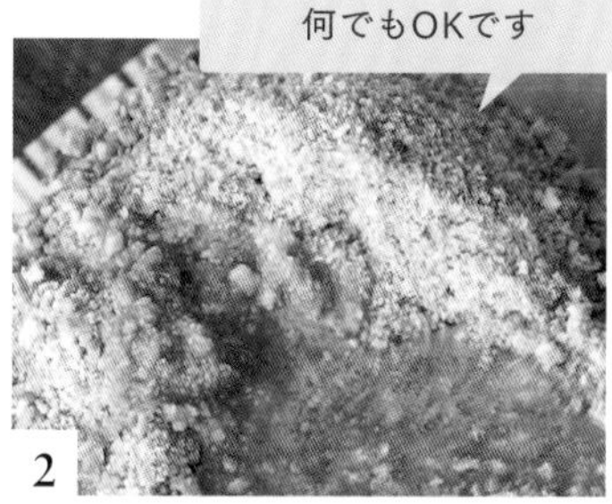

使用するクッキーは
何でもOKです

2

ジッパーつき保存袋にクッキーを入れて砕き、ボウルに入れ、バターを加えて混ぜ、全体をなじませる。

3

2を1に入れて崩れないようにスプーンなどで押し込み、底面に敷き詰めて冷蔵庫で冷やし固める。

生チョコレートを作る

4

耐熱ボウルにクーベルチュールを入れ、電子レンジで20秒ずつ加熱して溶かす。

5

電子レンジで30秒加熱して温めた牛乳を加え、ゴムベラまたはホイッパーで中心から混ぜ合わせる。

表面に少量の気泡が
発生した場合は、
竹串などで潰してください

6

3に流し込み、冷蔵庫で最低でも2時間は休ませる。

仕上げをする

7

型から外し、真ん中にはかからないようにしてココアパウダーをふる。

8

ココアパウダーがかかっていないところに刻んだくるみとカシューナッツをのせる。

Advice

ココアパウダーをふるときは

ココアパウダーをふるときは写真のようにルーラーを使えば、真ん中だけ除いてふることができます。ルーラーがなければ、ほかのもので代用しても構いません。

濃厚
チョコレートケーキ

「クリームチーズを使わず
あえてヨーグルトで作ることで
もったりしすぎない生地に仕上がります。」

材料（牛乳パックの型1台分）

クッキー生地

- オレオクッキー※……70g
- 食塩不使用バター（溶かす）……30g分

チョコレート生地

- ヨーグルト（プレーン）……400g
- グラニュー糖……50g
- はちみつ……20g
- クーベルチュールスイートフレーク（カカオ56%）……150g
- 牛乳……70mℓ
- 板ゼラチン（氷水で戻す）……4g

仕上げ用

- グラニュー糖……50g
- ココアパウダー……40g
- 牛乳……160mℓ
- 板ゼラチン（氷水で戻す）……3g分
- クーベルチュールスイートフレーク（カカオ56%）……50g

※オレオ及びオレオクッキーの意匠は、モンデリーズ・インターナショナルグループにより使用承諾されている商標です。

☆ クッキー生地を作る

1

ジッパーつき保存袋にオレオクッキーを入れて砕き、ボウルに入れてバターを加えて混ぜ、オーブンシートを敷いた牛乳パックの型（パウンド型風・作り方はP.9参照）に敷き詰める。

☆ チョコレート生地を作る

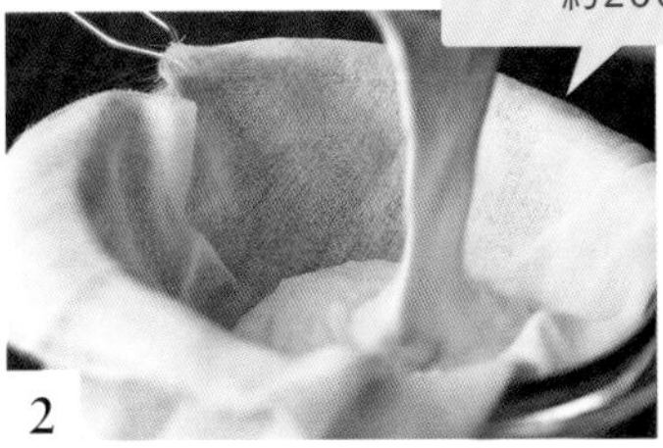

2

ボウルの上にざるをおき、その上にガーゼを敷いてヨーグルトを入れる。ガーゼで包んで冷蔵庫で1日休ませ、水切りヨーグルトを作る。

1日休ませると、多少の誤差はありますが、水切り後は約200gになります

3

2をボウルに入れ、グラニュー糖、はちみつを加えて混ぜる。

4

耐熱ボウルにクーベルチュールを入れ、電子レンジで20秒ずつ加熱して溶かす。

5

電子レンジで30秒加熱して温めた牛乳にゼラチンを入れて混ぜ、4に加えて混ぜてから3に加える。

6

5を混ぜ合わせてから1に流し込み、ラップをして冷蔵庫で1日冷やし固める。

☆ 仕上げをする

7

鍋にグラニュー糖、ココアパウダーを入れて混ぜる。

8

7に牛乳を加え、中火にかけて沸かし、混ぜながらとろみをつける。

9

火を止めてゼラチンを加えて混ぜ、クーベルチュールを加えてさらに混ぜる。

10

耐熱の計量容器に濾しながら入れ、30〜35℃まで冷ます。

11

6を型から外し、全体に10をかけ、冷蔵庫で30分休ませる。

12

余ったチョコレートをチョコペン（作り方はP.9参照）に入れ、飾る。

チョコレートプリン

「視聴者から要望の多かった
“オーブン不要のレシピ”に応えて考えた
渾身のアイデアプリンです。」

材料（12㎝のボウル1個分）

チョコレートプリン

ブラックの板チョコレート……85g
粉ゼラチン……5g
牛乳……470㎖
グラニュー糖……50g
生クリーム(35%)……150㎖
ココアパウダー……20g
チョコレートソース……適量

☆チョコレートプリンを作る

1 容器にゼラチンを入れ、15㎖(分量外)の水を加えて戻す。

牛乳、グラニュー糖を
合わせて150㎖になるまで
煮詰めてください

2 鍋に400㎖の牛乳とグラニュー糖を入れて混ぜ、150㎖になるまで煮詰め、残りの牛乳を加えて混ぜる。

3 **2**に生クリームを加えて、ココアパウダーをふるい入れて混ぜ、ダマをなくす。

4 **3**に刻んだブラックチョコレートを加えて混ぜ、全体をなじませ、**1**を加えてさらに混ぜる。

5 **4**を濾しながら耐熱ボウルに入れ、氷水で25～30℃になるまで混ぜながら冷まし、さらに濾して12㎝の別のボウルに流し込む。

先にラップをすると
水滴が落ちて劣化の
原因になります

6 完全に冷めるまで2～3時間、ラップをせずに冷蔵庫で冷やし、冷めたらラップをして冷蔵庫でひと晩冷やし固める。好みでチョコレートソースをかけて食べる。

Advice

フライパンで時短に

工程2の牛乳とグラニュー糖を煮詰めるときは、鍋ではなくフライパンで行うと、短時間で煮詰められます。

大人のコーヒーゼリー

「ほろ苦さを強くして作ったレシピです。
コーヒークリームの優しい甘さがほどよい苦味を引き立てます。」

材料（3個分）

コーヒーゼリー

水	400mℓ
グラニュー糖	30g
インスタントコーヒー（粉）	8g
板ゼラチン（氷水で戻す）	10g分

コーヒークリーム

卵黄	60g
グラニュー糖	30g
牛乳	130mℓ
インスタントコーヒー（粉）	15g
板ゼラチン（氷水で戻す）	5g分
生クリーム（35%）	150mℓ

☆ コーヒーゼリーを作る

1
鍋に水、グラニュー糖を入れて混ぜながら沸かし、残りのコーヒーゼリーの材料を加えてさらに混ぜる。

2
耐熱ボウルに1を濾して入れ、氷水で冷ます。

3
半分は器に入れ、半分は容器に移してラップをし、そのまま冷蔵庫で冷やし固める。

☆ コーヒークリームを作る

4
耐熱ボウルに卵黄、グラニュー糖を入れ、白っぽくなるまで混ぜる。

5
鍋に牛乳を入れて沸かし、火を止めてコーヒーを加え、混ぜる。

6
5を4のボウルに加えて混ぜ、鍋に戻して中火にかけ、ゼラチンを加えてさらに混ぜる。耐熱ボウルに濾して入れ、氷水で冷ます。

7
やわらかめに泡立てた生クリームを6に加えて混ぜる。

8
器に入れた3に7を流し入れ、ラップをして冷蔵庫で冷やし固める。

☆ 仕上げをする

9
器に入れず容器で冷やした3のゼリーをフォークで潰す。

10
8の上に9をのせる。

Advice

きれいなゼリーを作るポイント

冷やし固めたゼリーは空気を含むと濁るので、工程9では優しく潰すようにしましょう。

チョコレートミルクレープ

「とことんチョコレートを楽しみたい！
　というチョコレート好きにはきっとたまらないメニューです。」

材料（クレープ生地17枚分）

クレープ生地
- 薄力粉……60g
- ココアパウダー……10g
- グラニュー糖……40g
- 全卵……120g
- 牛乳……250mℓ
- 食塩不使用バター（溶かす）……30g分

チョコレートクリーム
- クーベルチュールスイートフレーク（カカオ56%）…70g
- 生クリーム（35%）……230mℓ
- グラニュー糖……20g

仕上げ用
- グラニュー糖……50g
- ココアパウダー……40g
- 牛乳……160mℓ
- 板ゼラチン（氷水で戻す）‥3g分
- クーベルチュールスイートフレーク（カカオ56%）‥‥50g

☆ クレープ生地を作る

1

ボウルに薄力粉、ココアパウダーをふるい入れ、グラニュー糖を加えて混ぜる。

2

卵を加え、混ぜながら牛乳を少しずつ加える。

1日休ませることで
より生地がなじみます

3

全体がなじんだらバターを加えて混ぜ、濾しながらボウルに入れ、ラップをして冷蔵庫で1日休ませる。

1日休ませると粉が沈殿しているので、
底から混ぜてから焼きましょう

4

15cmのフライパンに、適量の食塩不使用バター（分量外）を入れて熱し、3を入れ、フライパンを回しながら17枚分焼く。

☆ チョコレートクリームを作る

5

耐熱ボウルにクーベルチュールを入れ、電子レンジで20秒ずつ加熱して溶かし、電子レンジで40秒加熱して温めた100mℓの生クリームを加えて混ぜる。

6

残りの生クリーム、グラニュー糖を加え、氷水で冷やしながら混ぜる。

☆ クレープを重ねる

7

4の生地に6を塗って生地を重ねる。

8

7の工程を枚数分繰り返し、最後に全体に残りの6を塗り、ラップをして冷蔵庫で半日休ませる。

☆ 仕上げをする

9

鍋にグラニュー糖とココアパウダーを入れ、混ぜ合わせる。

10

牛乳を加えて混ぜながら沸かし、とろみがついたら火を止めてゼラチンを加え、混ぜる。

11

耐熱の計量容器にクーベルチュールを入れ、10を濾しながら加えて混ぜ、35℃くらいまで冷ます。

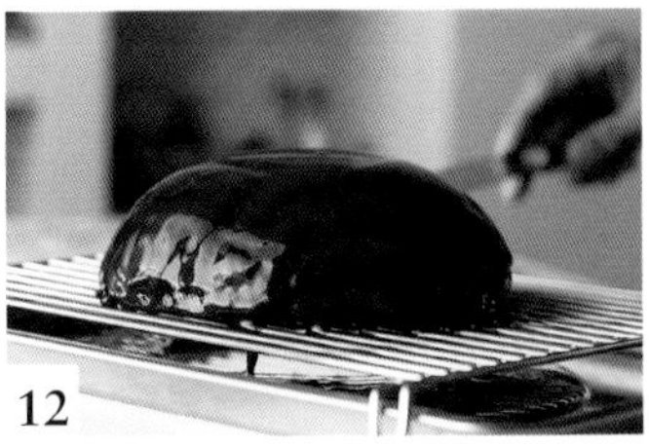

12

ラップを外した8に11をかけ、冷蔵庫で30分冷やし固める。

ダブルチョコレート
チーズケーキ

「ブラックチョコのほろ苦さと
ホワイトチョコのまろやかさを生かしながら
しっとりしたクリームチーズと掛け合わせ、
絶妙なバランスに仕上げました。」

材料（牛乳パックの型1台分）

クッキー生地
オレオクッキー※ ……………70g
食塩不使用バター（溶かす）
……………………………30g分

ブラックチョコチーズ
クリームチーズ（室温に戻す）
……………………………105g
グラニュー糖 ………………30g
牛乳…………………………55mℓ
板ゼラチン（氷水で戻す）
………………………… 2.5g分
ブラックの板チョコレート
……………………………100g

ホワイトチョコチーズ
クリームチーズ（室温に戻す）
……………………………120g
グラニュー糖 ………………25g
バニラペースト……………適量
牛乳………………………… 40mℓ
板ゼラチン（氷水で戻す）‥ 3g分
ホワイトの板チョコレート
……………………………80g

仕上げ用
ココアパウダー……………60g
グラニュー糖 ………………70g
牛乳………………………240mℓ
板ゼラチン（氷水で戻す）
……………………………10g分
クーベルチュールスイート
フレーク（カカオ56%）…70g

※オレオ及びオレオクッキーの意匠は、モンデリーズ・インターナショナルグループにより使用承諾されている商標です。

★クッキー生地を作る

1

ジッパーつき保存袋にオレオクッキーを入れて砕き、ボウルに入れてバターを加えて混ぜ、オーブンシートを敷いた牛乳パックの型（パウンド型風・作り方はP.9参照）に敷き詰める。

★ブラックチョコチーズを作る

2

耐熱ボウルにクリームチーズ、グラニュー糖を入れ、混ぜる。電子レンジで30秒加熱して温めた牛乳にゼラチンを加えて混ぜる。

3

耐熱ボウルに刻んだブラックチョコレートを入れ、電子レンジで20秒ずつ加熱して溶かし、2でゼラチンを入れた牛乳を加えて混ぜる。

4

2でグラニュー糖を入れたクリームチーズに3を加えて混ぜ、1に流し込み、ラップをして冷蔵庫で1時間冷やし固める。

★ホワイトチョコチーズを作る

バニラペーストの
使用はお好み
でもOKです

5

耐熱ボウルにクリームチーズ、グラニュー糖、バニラペーストを入れて混ぜ、全体をなじませる。

6

電子レンジで30秒加熱して温めた牛乳にゼラチンを加えて混ぜる。

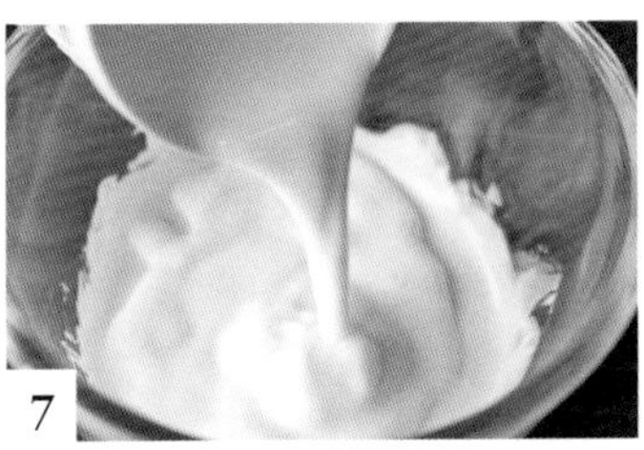

7

耐熱ボウルに刻んだホワイトチョコレートを入れ、電子レンジで20秒ずつ加熱して溶かし、6を加えて混ぜる。

8

5に7を加えて混ぜ合わせ、4の上から流し込み、ラップをして冷蔵庫でひと晩冷やし固める。

★仕上げをする

9

鍋にココアパウダー、グラニュー糖を入れて混ぜ、牛乳を加えてダマがなくなるまで混ぜる。

沸かすことで全体に
濃度が出て、トロッとします

10

火にかけて沸かし、混ぜながら全体がトロッとしてきたら火を止め、ゼラチンを加えて混ぜる。

11

クーベルチュールを耐熱の計量容器に入れ、10を濾しながら加え、混ぜて溶かし、氷水で35℃くらいまで冷ます。

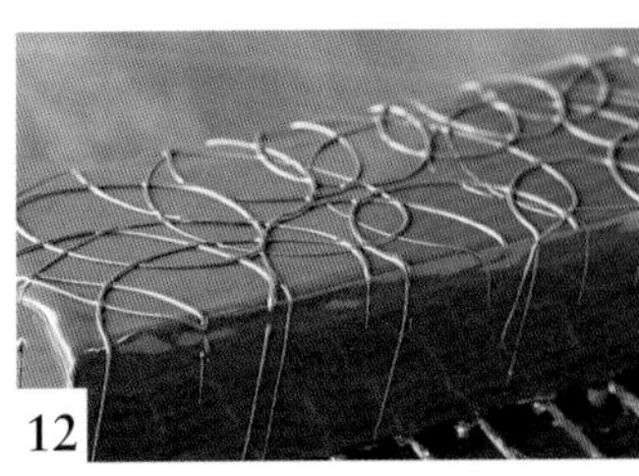

12

8を型から外し、11をかけ、冷蔵庫で30分冷やし固めてから余ったクーベルチュールをチョコペン（作り方はP.9参照）に入れて飾る。

抹茶クリームの座布団

「ふわふわの抹茶クリームともちもちの求肥の
食感の違いが楽しめるように考えてみた和テイストの一品です。」

材料（8〜12個分）

抹茶クリーム

抹茶パウダー ………………… 3g
生クリーム（35％）……… 90mℓ
はちみつ …………………… 10g
クーベルチュールホワイト
　フレーク（カカオ40%）…70g

求肥（大福の皮）

白玉粉 ……………………… 200g
グラニュー糖 ……………… 280g
水 ……………………………250mℓ
片栗粉 ………………………… 適量

仕上げ用

こしあん（粒あんでも可）、抹茶
　パウダー、金箔 ……… 各適量

抹茶クリームを作る

1 耐熱ボウルに抹茶パウダーをふるい入れ、混ぜながら40mlの生クリームを少しずつ加え、全体をなじませてからはちみつを加える。電子レンジで30秒加熱して50℃まで温める。

2 耐熱ボウルにホワイトチョコレートを入れ、電子レンジで20秒ずつ加熱して溶かし、混ぜる。

3 **2**に**1**を加えてさらに混ぜる。

4 残りの生クリームを七分立てにし、**3**に加えて混ぜ、ラップをして冷蔵庫で2時間ほど冷やす。

求肥(大福の皮)を作る

5 ボウルに白玉粉、グラニュー糖、水を入れてダマにならないように混ぜ、均一にする。

6 電子レンジで3～5分ほど加熱し、練る。

あっさり食べたい方は3mm、
しっかり食べたい方は5mmが
おすすめです

7 **6**を広げて片栗粉をかけ、麺棒で3～5mmの厚さに伸ばす。

8 7×7cmに切り分ける。

仕上げをする

9 **8**にこしあんをのせ、絞り袋に入れた**4**を絞る。

10 対になる角を持ち上げて串を刺し、抹茶パウダーをふり、金箔を飾る。

Advice

乾燥を防ぐポイント

求肥は乾燥するとかたくなりますので、すぐに食べない場合は、工程7で片栗粉の量を多めにまとわせてください。

オランジェット

「オレンジの実の酸味と皮の苦味を味わうスイーツ。
チョコレートコーティングは好みの量で楽しんで。」

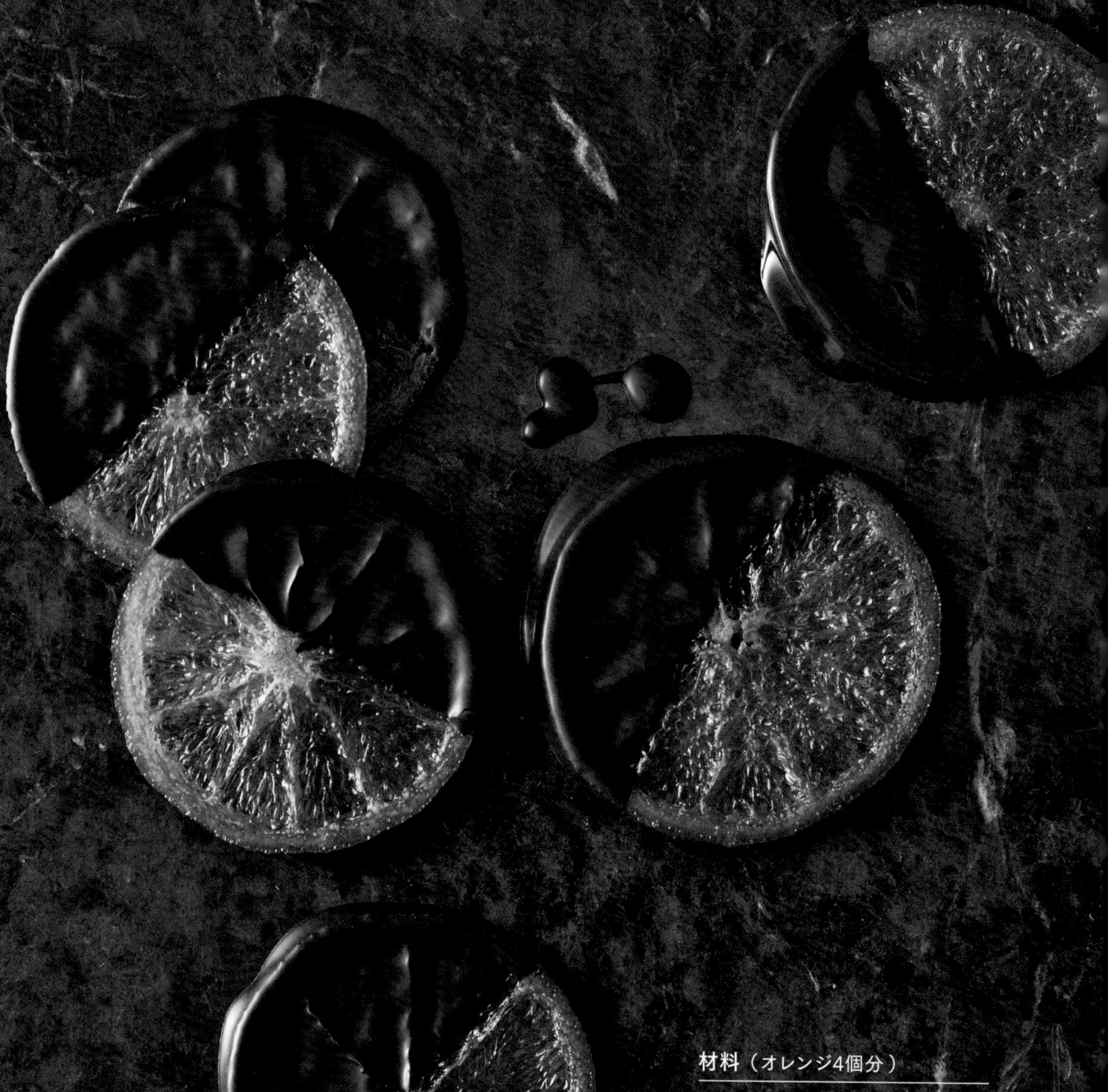

材料（オレンジ4個分）

オランジェット

オレンジ……………………4個
水……………………………800㎖
グラニュー糖 ……………600g

仕上げ用

クーベルチュールスイート
フレーク（カカオ56%）……適量

★ オランジェットを作る

オレンジの大きさにもよりますが、穴の数は100か所くらいが目安です

1

オレンジの表面を洗い、爪楊枝や金串などでオレンジの皮にまんべんなく穴を開ける。

この工程でオレンジの皮にあるアクを抜きます

2

鍋に水（分量外）、オレンジを入れて火にかけ、沸騰したら湯を捨てる。これを3回繰り返す。

3

オレンジを氷水に入れ、芯まで冷めたら5㎜の厚さに切る。

グラニュー糖を先に入れると、水を入れたときの圧などで糖化につながるので、入れる順番に注意してください

4

鍋に水を入れ、グラニュー糖を加えて火にかけ、混ぜながら沸かし、グラニュー糖を溶かす。

夏場の場合は、冷めたら冷蔵庫に保管してください

5

別の鍋に3を並べて入れ、4を加えて中火にかけて沸かす。沸いたら火を止め、ふたをして室温に1日おく。

ゆっくり時間をかけて糖分をオレンジに入れていきます

6

オレンジスライスをざるに移し、5の鍋を沸かしてから再度並べ、中火で沸かす。この工程を8回繰り返す。

ときどきひっくり返しましょう

7

オーブンシートに6を並べ、室温で表面のべたつきがなくなるまで1日乾燥させる。

★ 仕上げをする

8

耐熱ボウルにクーベルチュールの⅔量を入れ、電子レンジで20秒ずつ加熱して溶かし、53℃まで温める。

電子レンジで20秒ずつ加熱して溶かしたコーティング用チョコレートを使ってもOKです

9

残りの⅓量のクーベルチュールを加えて混ぜ、32℃まで温度を下げる。7をお好みでコーティングする。

10

オーブンシートに並べ、冷蔵庫で冷やし固める。

Advice

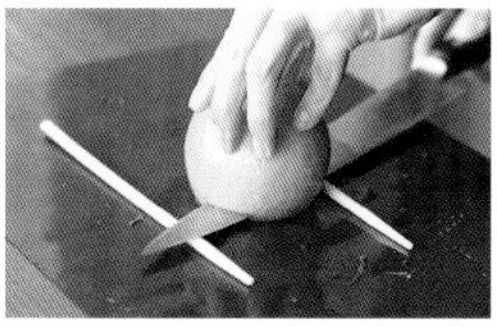

オレンジを切るときは

オレンジを5㎜の厚さに切るときは、写真のように底面に割り箸をおけば、切りやすくて簡単です。

Column 1

失敗しないスイーツ作り5つのポイント

固まらない、膨らまないなど、スイーツ作りでよくある失敗を防ぐために、
作りはじめる前に覚えておきたい大切なポイントを紹介します。

Point 1 事前にすべての材料を準備する

スイーツ作りで一番大切なのは、分量通りに作ることです。分量を間違えてしまうと、うまく固まらなかったり、膨らまなかったりします。また、粉を入れる順序やタイミングなども重要です。手際よく進めるためには、事前に必要な材料を計量し、準備してからスイーツ作りをはじめましょう。

Point 2 オーブンは必ず予熱する

レシピの焼き時間は、指定の温度から焼くことが前提です。ですので、予熱せずにスイーツを作ることはありません。低い温度から焼きはじめると、膨らまなかったり、さっくり焼けなかったりする原因になります。またオーブンは、予熱が完了しても温度が上がりきっていないこともありますので、時間に余裕をもって予熱しておきましょう。

Point 3 失敗しないメレンゲの作り方

メレンゲがうまく作れないとスイーツはうまく膨らみません。失敗しないメレンゲの作り方を紹介します。

1 ボウルに卵白を入れて混ぜ、泡立てる。

2 グラニュー糖の⅓量を加えて混ぜ、卵白がホイッパーについてくる程度まで泡立てる。

3 さらに混ぜながらグラニュー糖を2回に分けて加え、しっかりとツノが立つようになるまで泡立てる。

Point 4 粉類はふるってから入れる

ふるう理由は①ダマをなくす②空気を含ませる③均一に混ざるの3点です。ふるわないと生地の中に粉の粒が残ったり、仕上がりがふんわりとならなかったりという問題が起こります。

Point 5 板ゼラチンは氷水で戻す

板ゼラチンは水の温度が高い(10℃以上)と溶けてなくなってしまうので、必ずたっぷりの氷水で戻しましょう。

Chapter 2

オーブンなしで作れる！

失敗なしのスイーツ

冷やし固める、揚げるなどで
オーブンを使用せずに作れるレシピを集めました。
ムースケーキやティラミス、ドーナッツなど
バリエーション豊富なレシピばかりです。

ホワイトチョコレートのレアチーズケーキ

「ヨーグルトの酸味を
生かして最後まで食べやすく
飽きのこない味わいに
仕上げています。」

材料（15㎝のセルクル型1台分）

土台
クッキー……50g
食塩不使用バター（溶かす）……35g分

チョコレートレアチーズ
クリームチーズ（室温に戻す）……100g
グラニュー糖……45g
ヨーグルト（プレーン）……100g
クーベルチュールホワイトフレーク（カカオ40%）……100g
生クリーム（35%）……150㎖
バニラビーンズ……½本
板ゼラチン（氷水で戻す）……4g分

仕上げ用
クーベルチュールホワイトフレーク（カカオ40%）……150g
牛乳……80㎖
水あめ……20g
グラニュー糖……10g
板ゼラチン（氷水で戻す）……5g分
クーベルチュールホワイトフレーク（カカオ40%・飾り用）……適量

土台を作る

すき間があると液漏れの恐れがあるので、すき間なく埋めましょう

1

ジッパーつき保存袋にクッキーを入れ、麺棒などで細かく砕く。

2

1をボウルに入れてバターを加え、混ぜる。

3

底にラップを張ったセルクル型に2を敷き詰める。

チョコレートレアチーズを作る

4

ボウルにクリームチーズ、グラニュー糖を入れて混ぜる。

5

全体がなじんだらヨーグルトを加え、さらに混ぜる。

6

耐熱ボウルにホワイトチョコレートを入れ、電子レンジで20秒ずつ加熱して溶かす。

7

別の耐熱容器に生クリームを入れ、バニラビーンズを加えて電子レンジで30秒加熱し、6に加えて混ぜる。

8

7を乳化させたら、ゼラチンを加えてさらに混ぜる。

9

5に8を濾しながら加え、全体を均一に混ぜる。

仕上げをする

10
3に流し込み、ラップをして冷蔵庫で半日ほど休ませる。

11
耐熱ボウルにホワイトチョコレートを入れ、電子レンジで20秒ずつ加熱して溶かす。

12
鍋に牛乳、水あめ、グラニュー糖を入れて混ぜながら温め、火を止め、ゼラチンを加えてさらに混ぜる。

13
12を11に加えて混ぜ、耐熱の計量容器に濾しながら入れる。

14
13を氷水に入れて混ぜながら30℃まで冷まし、型の周りを加熱した濡れタオルやバーナーで温め、ゆっくりと型を外した10にかけ、全体をコーティングする。

15
落ち着くまで冷蔵庫で30分冷やし固め、最後に飾り用のホワイトチョコレートを電子レンジで20秒ずつ加熱して溶かし、チョコペン（作り方はP.9参照）に入れ、飾る。

Advice

11の工程で溶かした後に抹茶パウダー（3g）加えて作れば、緑と白のコントラストで飾り用のホワイトチョコレートが映えるケーキになります。また、ヨーグルトを使わず、クリームチーズの量を200ｇにして作れば、濃厚な味わいで楽しめます。

紅茶のカスタードミルクレープ

「紅茶のさわやかさを生かした上品な味わいで、
風味も楽しみながらお召し上がりください。」

材料（クレープ生地17枚分）

クレープ生地
- 薄力粉……100g
- グラニュー糖……45g
- 全卵……60g
- 牛乳……250㎖
- 食塩不使用バター（溶かす）……30g分

紅茶のカスタードクリーム
- 卵黄……60g
- グラニュー糖……60g
- 薄力粉……20g
- 牛乳……250㎖
- 紅茶の茶葉……2パック分（4g）
- 生クリーム（35％）……150㎖

仕上げ用
- クーベルチュールホワイトフレーク（カカオ40％）…110g
- 牛乳……80g
- 水あめ……30g
- 板ゼラチン（氷水で戻す）…5g分

★クレープ生地を作る

1
ボウルに薄力粉をふるい入れ、クレープ生地のバター以外の材料を加えて混ぜる。

2
1にバターを加えてさらに混ぜる。

休ませることで生地が落ち着きます

3
耐熱の計量容器に濾しながら入れ、ラップを密着させて冷蔵庫で3時間ほど休ませる。

4
15cmのフライパンに適量の食塩不使用バター（分量外）を入れて熱し、**3**を流し込み、フライパンを回しながら17枚分焼く。

★紅茶のカスタードクリームを作る

5
耐熱ボウルに卵黄とグラニュー糖を入れ、白っぽくなるまで混ぜ、薄力粉を加えてさらに混ぜる。

6
鍋に牛乳、紅茶の茶葉を入れ、温める。

7
5に**6**を濾しながら加えて混ぜ、鍋に移して混ぜながら、中火で温める。

8
全体に濃度がついた後ゆるくなり、ツヤが出たら耐熱容器に移して冷ます。ラップを密着させて休ませる。

コシを切りすぎると、全体がゆるくなるので手数は少なめにしましょう

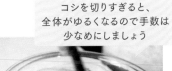

9
ボウルに移してコシを切るように混ぜ、六分立てで泡立てた生クリームを加え、混ぜる。

★クレープを重ねる

10
ボウルにラップを敷き、**4**の生地を入れ、**9**を塗って生地を重ねる。これを枚数分繰り返す。

★仕上げをする

11
耐熱ボウルにホワイトチョコレートを入れ、電子レンジで20秒ずつ加熱して溶かす。鍋に牛乳、水あめを入れて温め、ホワイトチョコレートの耐熱ボウルに加えて混ぜる。

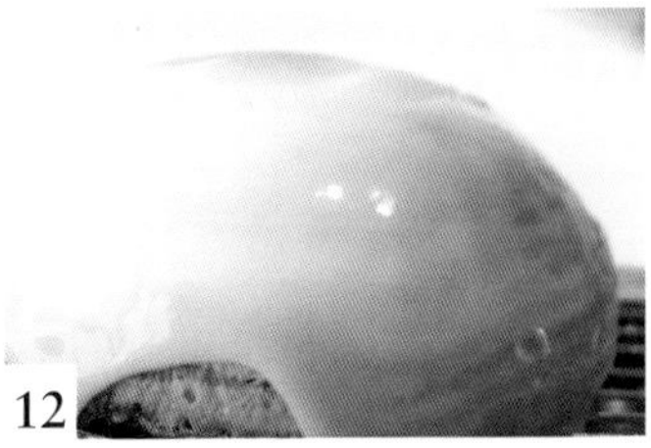

12
ゼラチンを加えてさらに混ぜ、耐熱の計量容器に濾しながら入れて28℃まで冷まし、ひっくり返して取り出した**10**にかけ、冷蔵庫で30分冷やし固める。

ティラミス

「オーブンがなくても作れるように
ビスケットを使って作るレシピにしています。」

材料（縦15×横15×高さ5㎝の容器1台分）

コーヒーシロップ
水……………………………150mℓ
インスタントコーヒー（粉）
……………………………………4g
グラニュー糖 ………………50g

ティラミスクリーム
クリームチーズ（室温に戻す）
……………………………200g
グラニュー糖 ………………35g
卵黄 …………………………40g
生クリーム（35％）………200mℓ
ビスケット、ココアパウダー
……………………………各適量

★ コーヒーシロップを作る

1
鍋に水を入れて沸かし、火を止めて残りのコーヒーシロップの材料をすべて入れ、混ぜる。

★ ティラミスクリームを作る

2
ボウルにクリームチーズ、グラニュー糖、卵黄を入れて混ぜる。

3
かために泡立てた生クリームを加え、混ぜる。

4
耐熱の計量容器に1とビスケットを入れ、浸す。

5
別の容器に4を敷き詰める。

6
5の上にティラミスクリームを入れ、5、6の工程を2回繰り返す。

★ 仕上げをする

7
ココアパウダーをふりかける。

Advice

和風ティラミスも作れる

仕上げにかけるココアパウダーを、抹茶パウダーやきな粉に替えて作れば、和風味のティラミスになります。

オレオヨーグルトケーキ

「手軽に作れるように箱を型代わりにして材料も
クリームチーズではなくヨーグルトにしました。」

材料（オレオの箱1箱分）

土台
オレオクッキー※ …………1袋
食塩不使用バター（溶かす）
…………………………10g分

クリーム
ヨーグルト（プレーン）…400g
グラニュー糖 ………………40g
牛乳 ……………………… 20㎖
板ゼラチン（氷水で戻す）
………………………2.5g分
生クリーム（35%）………150㎖

仕上げ用
オレオクッキー……………1袋

※オレオ及びオレオクッキーの意匠は、モンデリーズ・インターナショナルグループにより使用承諾されている商標です。

★ 土台を作る

オーブンシートは繰り返し
使える防水性に優れたものを
使用しています

1

オレオクッキーの箱を半分に切ってクリップで固定し、オーブンシートを敷く。

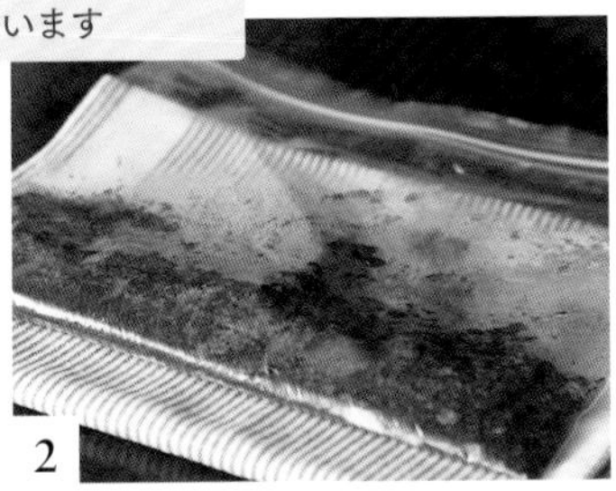

2

土台用のオレオクッキーをジッパーつき保存袋に入れ、麺棒などで粗目に砕く。

3

30g分の2を容器に入れ、バターを加えて混ぜ、なるべくすき間なく1に敷き詰める。

★ クリームを作る

冷蔵庫で1日休ませ、200gの
水切りヨーグルトにしましょう

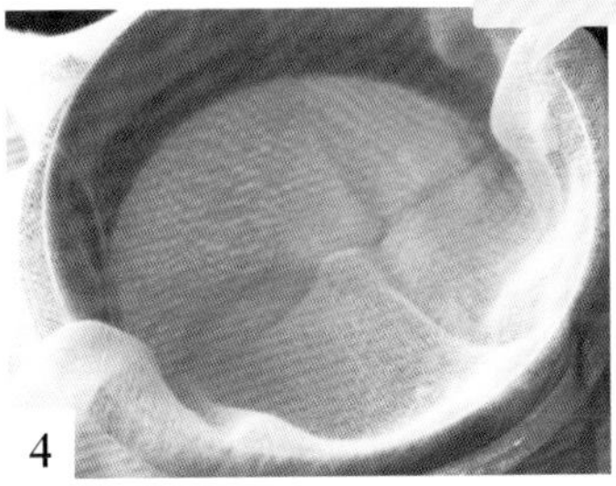

4

ヨーグルトはガーゼなどを使い、余分な水気を切って水切りヨーグルトを作る。

5

ボウルに4、グラニュー糖を入れて混ぜ、全体をなじませる。

6

電子レンジで30秒加熱して温めた牛乳とゼラチンを混ぜ、5に加えて混ぜ、六分立てで泡立てた生クリームを加えてさらに混ぜる。

★ 仕上げをする

7

2で砕いたオレオクッキーの残りを加えて混ぜ、3に加え、冷蔵庫で1日冷やし固める。

8

仕上げ用のオレオクッキーをお好みのサイズに切り分け、取り出した7にのせて飾る。

Advice

かための土台にする場合は

土台はしっかり固まるイメージではないので、かための土台がよければ、土台に使う30gのオレオクッキーの量を倍にして作ってもOKです。

ラズベリーのレアチーズ

「甘味が苦手な人でもさっぱり食べられて、
味の変化を楽しめるようにレアチーズを2層にして作りました。」

材料（15㎝の四角形セルクル型1台分）

土台
コーンフレーク……………45g
クーベルチュールホワイト
　フレーク（カカオ40%）…60g

ラズベリーのレアチーズ
生クリーム（35%）………80㎖
クリームチーズ（室温に戻す）
　……………………………100g
グラニュー糖 ………………40g
ラズベリーピューレ………70g
粉ゼラチン（10㎖の水で戻す）
　……………………………3g分

ラズベリーソース
ラズベリーピューレ ……180g
グラニュー糖 ………………25g
粉ゼラチン（10㎖の水で戻す）
　……………………………3g分

レアチーズ
クリームチーズ（室温に戻す）
　……………………………100g
グラニュー糖 ………………30g
レモン汁 ……………………10㎖
牛乳…………………………40㎖
粉ゼラチン（10㎖の水で戻す）
　……………………………3g分
生クリーム（35%）………80㎖

仕上げ用
ラズベリー、ブルーベリー
　……………………………各適量

☆土台を作る

1
ジッパーつき保存袋にコーンフレークを入れて砕き、耐熱ボウルに入れて電子レンジで20秒ずつ加熱して溶かしたホワイトチョコレートに加えて混ぜる。

2
底にラップを張った四角いセルクル型にオーブンシートを敷き、バターナイフなどを使って1をすき間なく敷き詰める。

☆ラズベリーのレアチーズを作る

3
耐熱ボウルにクリームチーズを入れて混ぜ、なめらかになったらグラニュー糖を加え、混ぜる。

4
鍋で温めたラズベリーピューレにゼラチンを加え、3に加えて混ぜる。

5
七分立てに泡立てた生クリームを4に加えて混ぜ、2に流し込み、2段目の層を作る。

☆ラズベリーソースを作る

6
鍋にラズベリーピューレを入れて沸かし、グラニュー糖を加えて混ぜる。

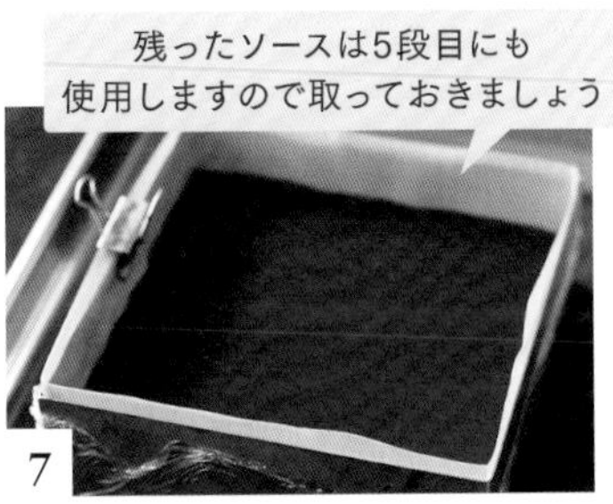

残ったソースは5段目にも
使用しますので取っておきましょう

7
ゼラチンを加えて人肌くらいまで冷まし、半量を5に流し入れて3段目の層を作る。

☆レアチーズを作る

8
耐熱ボウルにクリームチーズを入れて混ぜ、なめらかになったらグラニュー糖を加えて混ぜ、レモン汁を加える。

9
電子レンジで30秒加熱して温めた牛乳にゼラチンを加えて混ぜ、8に加えて混ぜる。

10
泡立てた生クリームを9に加えて混ぜ、7に加えて4段目の層を作る。

☆仕上げをする

11
10が固まったら残りのラズベリーソースを流し入れ、冷蔵庫で半日冷やし固める。

12
型から外し、ラズベリー、ブルーベリーを飾る。

宝石の琥珀糖

「見た目のきれいなスイーツが作りたくて挑戦しました。
シャリシャリした不思議な食感が楽しめます。」

材料
（15㎝の四角形セルクル型1台分）

琥珀糖

粉寒天 ……………………… 4g
水 ……………………… 180㎖
グラニュー糖 …………… 270g
色粉または着色料 ………… 適量

★ 琥珀糖を作る

1

鍋に寒天と水を入れる。

2

混ぜながら火にかけ、寒天の溶け残りがなくなり、全体が透明になったら、グラニュー糖を加えて混ぜる。

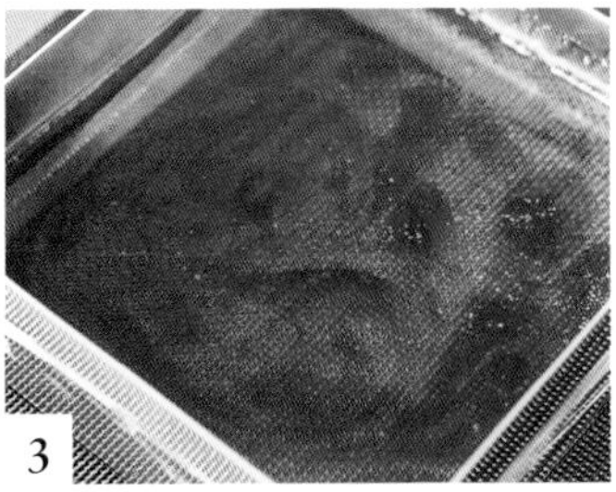

3

底にラップを張った四角いセルクル型に流し込み、お好みで色粉などを使って色を調整し、ラップをして冷蔵庫で2時間ほど冷やし固める。

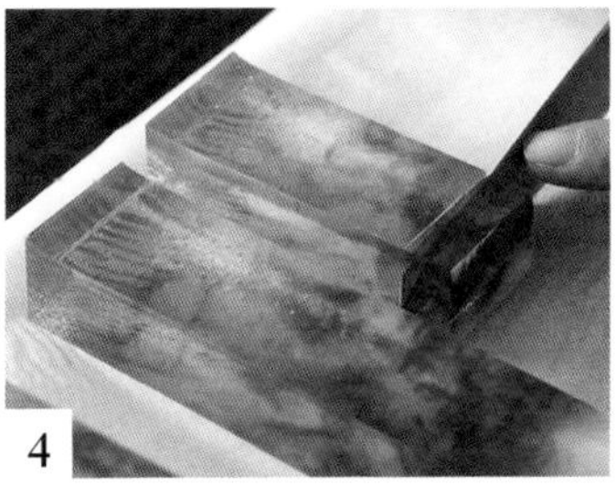

4

3を型から外し、お好みの形に切る。

ほこりなどが入らないように
ざるなどをかぶせて
乾燥させましょう

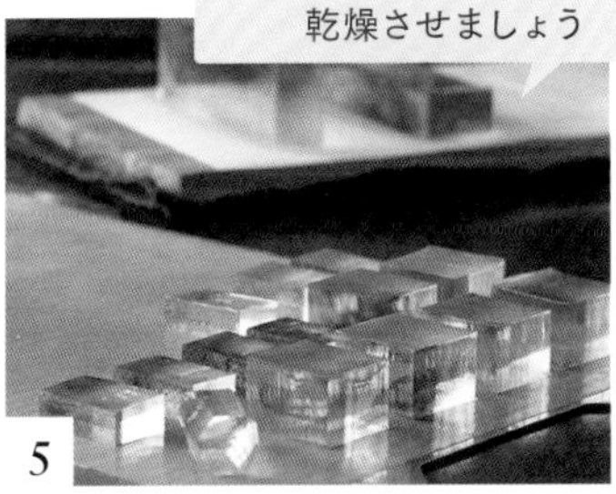

5

室温で1週間ほど乾燥させる。

Advice

使用している色粉について
お好みのものを使用して構いませんが、このレシピの色粉はWiltonのビビットジェルカラーセットを使用しています。

チョコレートパンナコッタ

「パンナコッタは甘さを抑えて
最後にかけるチョコレートソースで
ちょうどよい甘さになるようにしています。」

材料（作りやすい分量）

チョコレートパンナコッタ

クーベルチュールスイート
　フレーク（カカオ56%）‥70g
生クリーム（35%）……200mℓ
牛乳……………………100mℓ
グラニュー糖……………30g
板ゼラチン（氷水で戻す）‥6g分

チョコレートソース

ココアパウダー……………40g
グラニュー糖……………80g
牛乳……………………140mℓ

仕上げ用

生クリーム（35%）………適量

チョコレートパンナコッタを作る

1 鍋に生クリーム、牛乳、グラニュー糖を入れて混ぜ、加熱する。

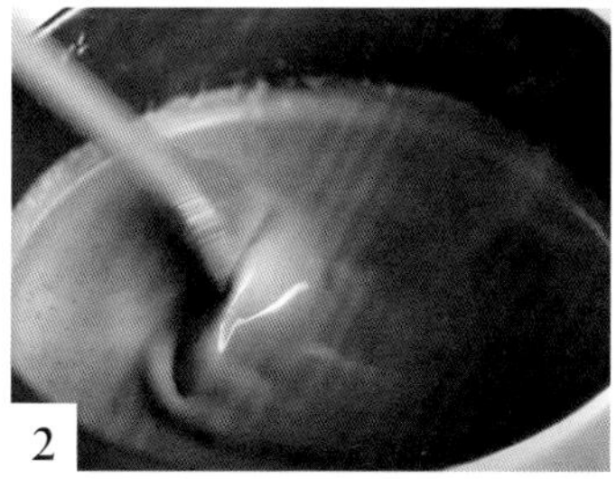

2 火を止め、クーベルチュールを加えて混ぜ、なじんだらゼラチンを加えてさらに混ぜる。

3 耐熱ボウルにダマが残らないよう濾しながら入れ、混ぜながら氷水で冷ます。

4 容器に流し込み、冷蔵庫で5時間ほど冷やす。

チョコレートソースを作る

5 鍋にココアパウダー、グラニュー糖、牛乳を入れ、混ぜながら加熱する。

沸いたら弱火にして軽く煮詰め、濃厚なソースにしましょう

6 ツヤが出たら火から外し、濾しながら耐熱容器に入れ、ラップをして冷蔵庫で冷ます。

仕上げをする

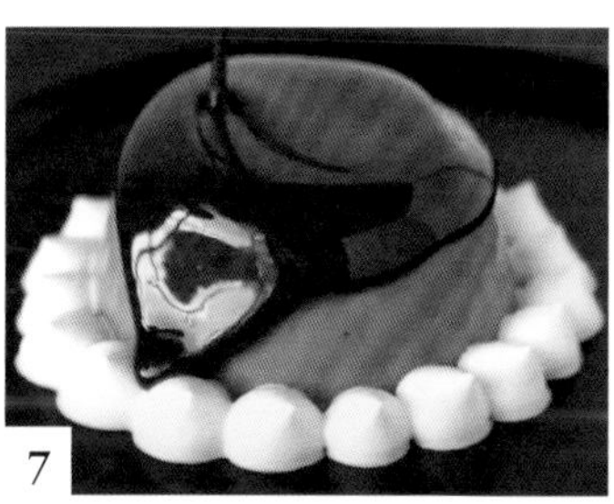

7 4を容器から外し、周りにかためにに泡立てた生クリームを絞って飾り、6をかける。

Advice

成分の分離を防ぐポイント

冷やすことで分離を防げますので、工程3でしっかり冷ましながら混ぜましょう。固まりすぎた場合は、軽く湯煎で戻せばOKです。

チョコレート
ムースケーキ

「ゼラチンを使わず、やわらかい食感になっています。
火にかけるだけで簡単に作れます。」

材料（21㎝のトヨ型1台分）

チョコレートムースケーキ

クーベルチュールスイート
　フレーク（カカオ56%）…100g
牛乳……………………320㎖
生クリーム（36〜40%）…… 33㎖
ココアパウダー……………17g
コーンスターチ……………17g
グラニュー糖 ………………50g

仕上げ用

ココアパウダー……………適量

★ チョコレートムースケーキを作る

焦げないように混ぜながら
加熱しましょう

1
ボウルに牛乳と生クリームを入れて混ぜ、ココアパウダー、コーンスターチ、グラニュー糖をふるい入れてさらに混ぜる。

2
鍋に1を濾しながら入れ、とろみが出るまで混ぜながら中火にかける。

3
火を止め、クーベルチュールを加えて混ぜ、余熱で溶かす。

4
オーブンシートを敷いたトヨ型に流し込み、冷蔵庫で1日冷やし固める。

★ 仕上げをする

5
型から外し、全体にココアパウダーをふり、食べやすい大きさに切る。

Advice

濃厚さを和らげるには

濃厚な味わいに仕上げているので、濃く感じる場合は、無糖でやわらかめに泡立てた生クリームと一緒に食べると味のバランスがよくなります。

カフェモカ
チョコレートプリン

「手軽に作れるようにし、コーヒーを加えることで
甘さを抑えたアイデアレシピです。」

材料（3個分）

カフェモカチョコレートプリン
クーベルチュールスイート
フレーク（カカオ56%）…60g
牛乳……500mℓ
グラニュー糖……50g
バニラビーンズ……適量
インスタントコーヒー（粉）
……10g
粉ゼラチン（30mℓの水で戻す）
……10g分

仕上げ用
生クリーム（35%）、チョコレートソース、ココアパウダー
……各適量

★ カフェモカチョコレートプリンを作る

1
鍋に牛乳、グラニュー糖、バニラビーンズを入れて混ぜ、90℃まで温める。

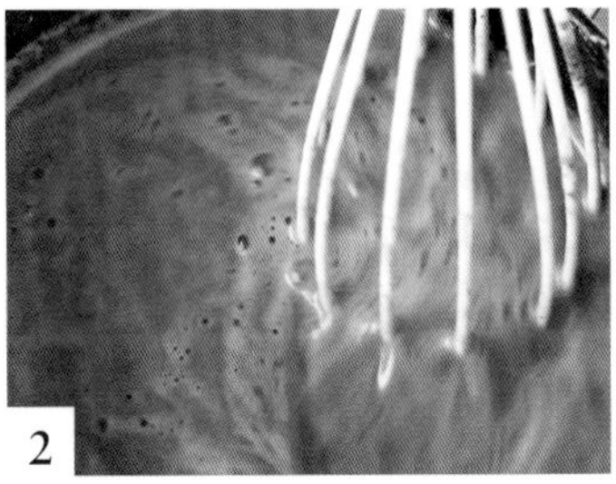
2
火を止め、コーヒー、クーベルチュールを加え、混ぜながら溶かす。

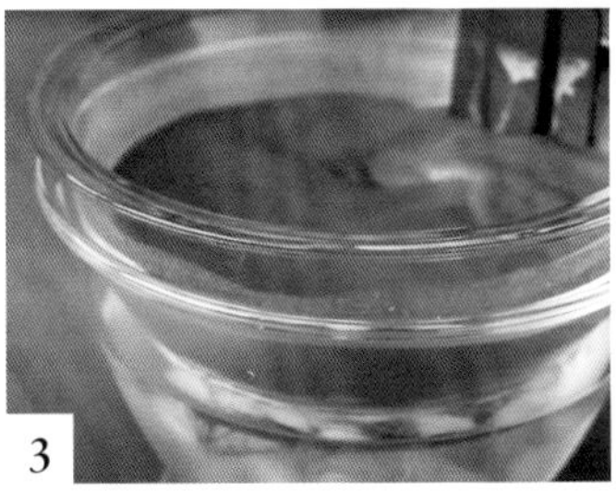
3
耐熱ボウルに濾しながら入れ、ゼラチンを加えて混ぜ、溶けたら氷水で冷ます。

4
容器に流し込み、ラップをして冷蔵庫で5時間ほど冷やし固める。

★ 仕上げをする

5
4のラップを外し、かために泡立てた生クリームを絞り、チョコレートソースをかけ、ココアパウダーをふる。

Advice

バニラアイスを添えても
プリンは淡白な味わいに仕上げているので、生クリームの代わりにバニラアイスをのせてもおいしく楽しめます。

カスタード
ショコラコーヒー

「卵黄入りの濃厚なチョコレートクリームと
さっぱりしたコーヒーゼリーで
絶妙なバランスにしています。」

材料（15㎝のセルクル型1台分）

チョコレートクリーム

クーベルチュールスイート
フレーク（カカオ56%）…120g
卵黄…80g
グラニュー糖…65g
バニラペースト…適量
薄力粉…30g
牛乳…380㎖
生クリーム（35%）…100㎖
粉ゼラチン（25㎖の水で戻す）
…8g 分

土台

コーティング用チョコレート
…40g

コーヒーゼリー

水…300㎖
インスタントコーヒー（粉）
…6g
グラニュー糖…40g
粉ゼラチン（25㎖の水で戻す）
…7g分

☆ チョコレートクリームを作る❶

1 耐熱ボウルに卵黄、グラニュー糖、バニラペーストを入れ、白っぽくなるまで混ぜる。

2 薄力粉を加えて混ぜ、電子レンジで30秒加熱して温めた牛乳を加えてさらに混ぜる。

3 鍋に2を濾しながら入れ、混ぜながら火にかける。

4 耐熱容器に入れてラップを密着させ、氷水で冷ます。

5 ボウルに入れ、コシを切るように混ぜる。

☆ 土台を作る

6 耐熱ボウルにチョコレートを入れ、電子レンジで20秒ずつ加熱して溶かす。

7 底にラップを張ったセルクル型の側面にオーブンシートを敷いて6を流し込む。

☆ チョコレートクリームを作る❷

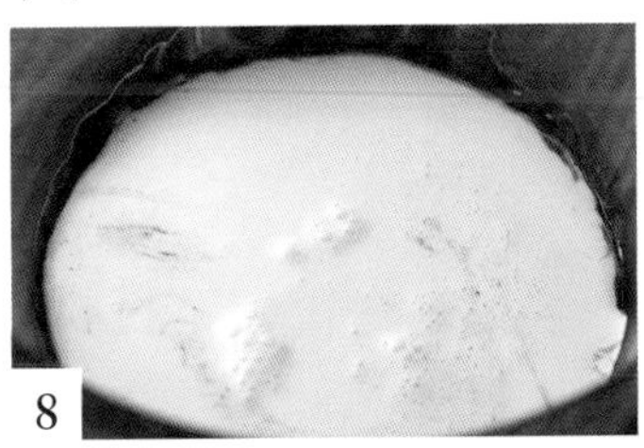

8 電子レンジで40秒加熱して温めた生クリームにゼラチンを入れて混ぜ、耐熱ボウルに入れて電子レンジで20秒ずつ加熱して溶かしたクーベルチュールに加えて混ぜる。

9 5に8を加えて混ぜ、7に入れる。

☆ コーヒーゼリーを作る

10 鍋に水を入れて沸かし、コーヒー、グラニュー糖を入れて溶かす。

11 10の鍋にゼラチンを加えて混ぜ、耐熱の計量容器に入れて30℃くらいになるまで氷水で冷ます。

12 9に流し込み、ラップをして冷蔵庫で1日冷やし固める。

ブラック&ホワイト
チョコレートクランチ

「バレンタイン用に手軽で見栄えのよいスイーツとして考えてみました。
2種類の味でお好みのほうを作ってください。」

材料（各6個分）

ブラックチョコレートクランチ

- クーベルチュールスイート フレーク（カカオ56%）……80g
- コーンフレーク……45g
- アーモンド……5g
- くるみ……10g
- バナナチップ……10g

ホワイトチョコレートクランチ

- クーベルチュールホワイト フレーク（カカオ40%）··120g
- コーンフレーク……50g
- ピスタチオ……5g
- くるみ……10g
- ドライストロベリー……3g

仕上げ用

- クーベルチュールスイート フレーク（カカオ56%）··100g
- 生クリーム（35%）……100mℓ

★ブラックチョコレートクランチを作る

1
コーンフレークはジッパーつき保存袋に入れて細かく砕く。アーモンド、くるみ、バナナチップは細かく刻む。

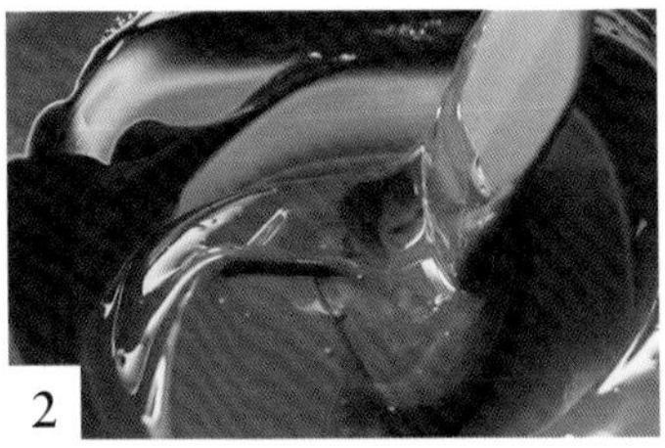

2
耐熱ボウルにクーベルチュールを入れ、電子レンジで20秒ずつ加熱して溶かす。

3
2に1を加えて混ぜ、牛乳パックの型（三角の型・作り方はP.9参照）に敷き詰め、冷蔵庫で1時間ほど冷やし固める。

★ホワイトチョコレートクランチを作る

4
コーンフレークはジッパーつき保存袋に入れて細かく砕く。ピスタチオ、くるみ、ドライストロベリーは細かく刻む。

5
耐熱ボウルにホワイトチョコレートを入れ、電子レンジで20秒ずつ加熱して溶かす。

6
5に4を加えて混ぜ、牛乳パックの型（三角の型・作り方はP.9参照）に真ん中を低くして敷き詰め、冷蔵庫で1時間ほど冷やし固める。

★仕上げをする

7
耐熱ボウルに仕上げ用のクーベルチュールを入れ、電子レンジで20秒ずつ加熱して溶かす。

8
生クリームを加えて混ぜ、3と6の型に流し入れ、冷蔵庫で冷やし固める。

Advice

お好みのクッキーで作っても

コーンフレークではなく、お好みのクッキーを砕いて作ってもOKです。違った食感で楽しめます。

夢の国のチュロス

「サクっ、モチっとした食感とまぶされたパウダーの甘さに心躍るスイーツ。
生地を冷凍保存しておけば、食べたいときにいつでも楽しめます。」

材料（12本分）

チュロス

水……………………………160mℓ
食塩不使用バター…………80g
塩…………………… ひとつまみ
シナモンパウダー…………適量
薄力粉………………………50g
強力粉………………………50g
全卵…………………………120g
揚げ油………………………適量

仕上げ用

グラニュー糖、シナモン
　パウダー ………………各適量

ディップ用

チョコレートソース………適量

チュロスを作る

1
鍋に水、バター、塩、シナモンパウダーを入れて中火にかけ、沸かす。

2
火を止めて薄力粉、強力粉をふるい入れ、混ぜる。

3
耐熱ボウルに2を入れ、卵を半量ずつ加えて混ぜ、絞り袋に入れる。

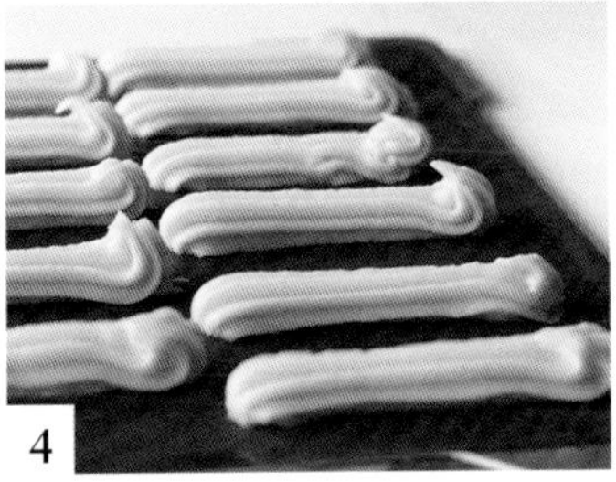

4
3を絞り、冷凍する。

5
フライパンに揚げ油を入れ、160〜170℃に熱し、4をカリッときつね色に揚げる。

仕上げをする

6
5にグラニュー糖、シナモンパウダーをまぶす。

Advice

お好みのソースをかけて食べても

揚げたてのチュロスにチョコレートソースやキャラメルソースをかけて食べてもおいしく楽しめます。

冷めてもふわふわ ドーナッツ

「手ごねでパンのようなふわふわな食感にしています。
しっかり発酵させてから揚げているので、
冷めてもおいしく食べられるドーナッツです。」

材料（7個分）

ドーナッツ生地

牛乳	130mℓ
ドライイースト	6g
グラニュー糖	40g
強力粉	200g
薄力粉	50g
卵黄	40g
食塩不使用バター（室温に戻す）	45g
揚げ油	適量

仕上げ用

粉糖	50g
水	10mℓ

ドーナッツ生地を作る

1

計量容器に牛乳、ドライイーストを加えて混ぜる。

2

ボウルにグラニュー糖、強力粉、薄力粉をふるい入れ、卵黄を加えて混ぜる。

3

2に1を加え、生地をまとめる。

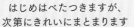

はじめはべたつきますが、
次第にきれいにまとまります

4

3を取り出してバターをのせ、練り込む。

5

4に張りが出てきたら丸く成形し、ボウルに入れ、ラップをして室温で60分ほど1次発酵させる。

6

5の生地が1.5倍くらいに膨らんだら7等分にし、ドーナッツの形に成形して並べ、ラップをして室温で60分ほど2次発酵させる。

仕上げをする

7

フライパンに揚げ油を入れ、160～170℃くらいに熱し、ドーナッツをこんがりときつね色に揚げる。

8

容器に粉糖と水を入れて溶かし、7をつける。

Advice

ドーナッツの穴を開けるときは

7等分にした生地に箸などを使って中央に小さな穴を開け、少しずつ穴を広げましょう。

ふわふわフレンチトースト

「クリームの比率を多くして、
まるでプリンを食べているような
濃厚なフレンチトーストにしました。」

材料（作りやすい分量）

フレンチトースト

全卵……180g
牛乳……250mℓ
生クリーム(35%)……100mℓ
グラニュー糖……35g
はちみつ……10g
食パン(4枚切り)……3枚

仕上げ用

お好みのジャム、粉糖…各適量

★ フレンチトーストを作る

1 ボウルに食パン以外のフレンチトーストの材料を入れて混ぜる。

濾しながら入れると
なめらかな仕上がりになります

2 バットに1を濾しながら入れる。

3 食パンの耳をすべて切り落とす。

4 半分に切り、軽く押しながらしみ込ませるように2に浸ける。

5 2～3時間ほど浸け込み、しっかりとパンに卵液をしみ込ませる。

6 ホットプレートやフライパンにバター（分量外）を塗り、5を入れて途中で返しながら、弱火でじっくり7分ほどふたをして蒸し焼きにする。

★ 仕上げをする

7 取り出して器に盛り、粉糖をかけてジャムをのせる。

Advice

もっと濃厚にしたいときは

パンの耳を切り落とした後、1～2時間おきにパンの上下を入れ替える（もしくはひっくり返す）と、さらに卵液がしみ込むので、プリンのような濃厚な仕上がりになります。

チョコレートアイスクリーム

「卵黄とチョコレートを使ってコクを出しました。
市販のアイスクリームとはひと味違う味わいです。」

材料（500㎖分）

チョコレートアイスクリーム
クーベルチュールスイート
　フレーク（カカオ56%）…100g
卵黄……………………………50g
グラニュー糖 ………………60g
バニラペースト……………適量
牛乳…………………………250㎖
生クリーム（35%）………100㎖

バニラペーストとは

天然のバニラの香り成分のみを抽出し、バニラビーンズ（種）や砂糖を加えてペースト状にしたもの。バニラビーンズよりも安価で使いやすいのが特徴です。

使用しているバニラペースト
オーガニックバニラビーンズペースト / 65g / 富澤商店

★ チョコレートアイスクリームを作る

混ぜながら加熱しないとスクランブルエッグになりますので注意してください

1
耐熱ボウルに卵黄、グラニュー糖、バニラペーストを入れ、白っぽくなるまで混ぜる。

2
鍋に牛乳を入れて沸かし、**1**に加えて混ぜ合わせ、鍋に戻し入れる。

3
中火にかけ、混ぜながら82℃まで加熱する。

4
3にクーベルチュールを加えて混ぜ、耐熱ボウルに濾しながら入れ、氷水で冷ます。

5
別のボウルに生クリームを入れてかために泡立て、冷ました**4**を加えて混ぜ、冷凍庫で1時間ほど冷やし固める。

6
一度取り出して混ぜ、容器に入れて全体を均一にし、再度冷凍庫で2〜3時間冷やし固める。

Advice

かたくなったときは
長く冷凍保存をしてかたくなりすぎた場合は、5〜10分室温において全体を混ぜ合わせてからお召し上がりください。

Column 2

便利アイテム＆使用している型について

ここでは耐熱ボウルやゴムベラなどスイーツ作りに必要な道具以外の、
あると便利なアイテムと本書で使用している型について紹介します。

便利アイテム

カード（ドレッジ）
生地を切る、混ぜる、ならすなど、多様に使えるので持っておくと便利なアイテム。

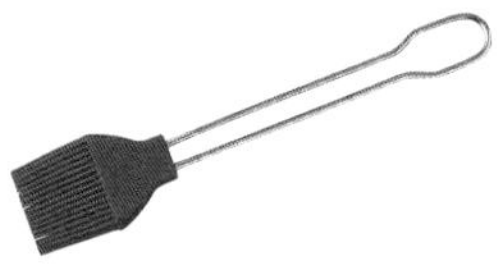

シリコンハケ
耐熱性で焼けた生地の上から塗れて毛のハケのように抜けたりしないのが利点。

ベーキングマット
メッシュ加工で高温でも使え、生地の水分も適度に抜けてパリッと仕上がる。

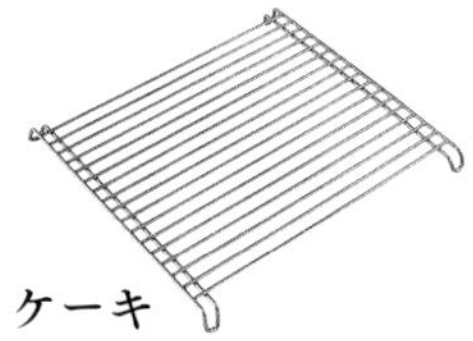

ケーキクーラー
揚げたドーナッツや焼いたクッキーなど、熱いスイーツを冷ます網台。

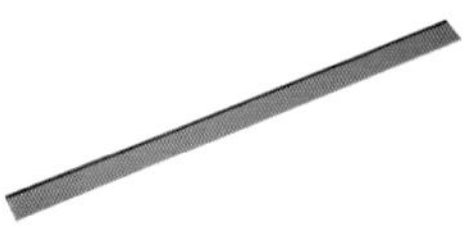

アクリルルーラー
種類により厚さが違い、クッキーなどの生地を均一な厚さに伸ばすアイテム。

タルトストーン
タルト生地を焼くときに生地の膨れを防ぐ重石。生米や小豆でも代用可能。

製菓用温度計
片手で使えるガンタイプ。赤外線でスイーツに触れずに温度計測ができる。

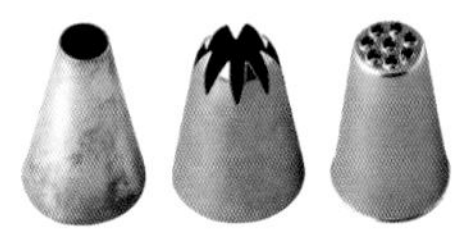

口金
種類も豊富だが、生地が出やすい大きな絞り口のものがおすすめ。

使用している型

セルクル型

5.5cm　15cm　15cm

底がないタイプ。スイーツの大きさや形状に合わせて3種類の型を使用。

パウンド型

21cm　17cm

パウンドケーキ用の型。本書では、テリーヌやカステラなどに使用。

18cmの丸型
側面にバネがついていて取り外しやすいタイプ。チーズケーキなどに使用。

18cmのタルト型
材質や大きさもさまざまなタルト型。本書ではステンレス製を使用。

21cmのトヨ型
スイーツを半月の形にしたいときに使う。チョコレートムースケーキ(P.52)に使用。

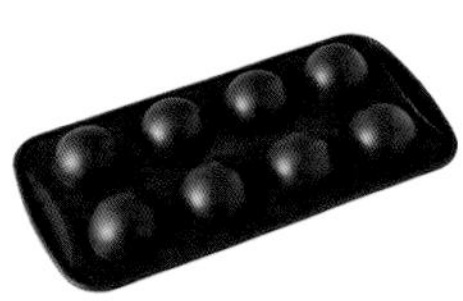

半球のシリコン型
シリコン製で加熱しても使える。プチ・ショコラタルト(P.96)のカップ作りに使用。

Chapter 3

YouTubeチャンネルで大人気！
大好評スイーツ

YouTubeチャンネルで紹介したレシピで
視聴者から反響の多かったレシピです。
ミルクレープやテリーヌ、クッキー、マカロンなど
いろいろなスイーツを紹介していますので、
お気に入りのスイーツが
きっと見つかります!!

イチゴのミルクレープ

「クレープの層をさらにクレープで
包んでもちもち感を出しました。
クレープ好きにはおすすめのスイーツです。」

材料（15㎝のセルクル型1台分）

クレープ生地

薄力粉……………………100g
塩…………………… ひとつまみ
グラニュー糖 ………………40g
牛乳………………………250mℓ
全卵………………………100g
食塩不使用バター（溶かす）
………………………………30g分

ヨーグルトクリーム

ヨーグルト（プレーン）…450g
塩…………………… ひとつまみ
バニラペースト……………適量
グラニュー糖 ………………55g
牛乳………………………30mℓ
板ゼラチン（氷水で戻す）
………………………………2.5g分
生クリーム（35%）………130mℓ

仕上げ用

水…………………………50mℓ
グラニュー糖 ………… 大さじ1
粉ゼラチン（15mℓの水で戻す）
………………………………3g分
生クリーム（35%）………50g
グラニュー糖 ………………6g
イチゴ……………………適量

☆クレープ生地を作る

塩を加えるとグルテンのつながりを促し、生地を破れにくくなる効果があります

1

ボウルに薄力粉をふるい入れ、塩、グラニュー糖を加える。

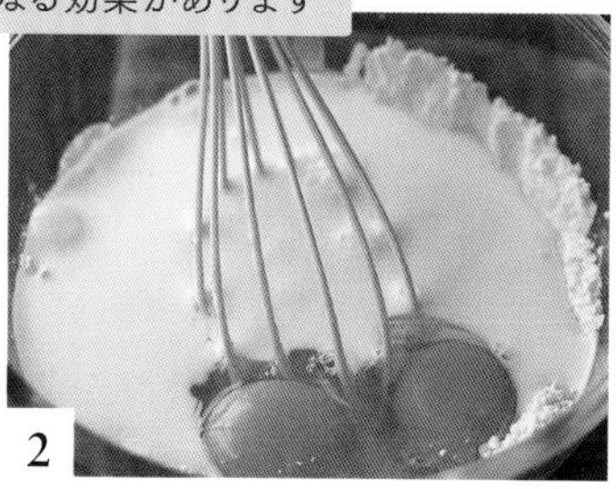

2

牛乳、卵を加えて混ぜる。

3

バターを加えて混ぜ、濾しながら計量容器に入れてラップをし、2時間ほど冷蔵庫で休ませる。

4

15㎝のフライパンに、適量のサラダ油やバター（ともに分量外）を入れて熱し、粉が沈殿している**3**を底から優しく混ぜて入れ、17枚分焼く。

☆ヨーグルトクリームを作る

多少の誤差はありますが、水切り後は約200gになります

5

ヨーグルトに塩を加えて、ガーゼを使って余分な水気を切り、2時間ほど冷蔵庫で休ませて水切りヨーグルトを作る。

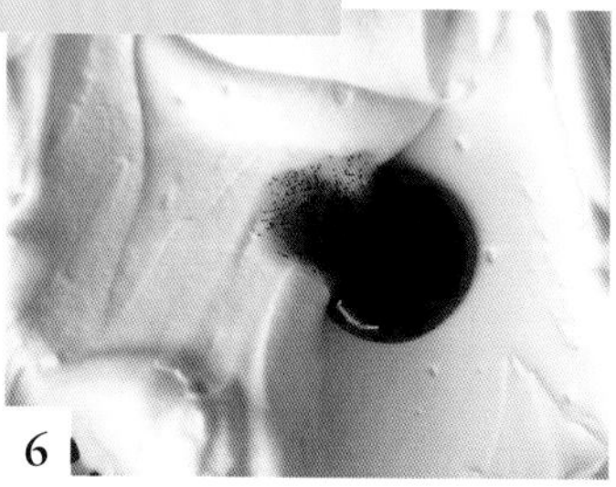

6

5にバニラペースト、グラニュー糖を加えて混ぜ、全体をなじませる。

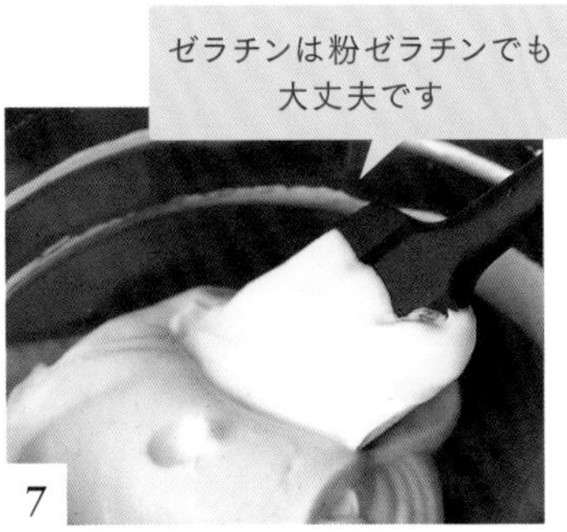

ゼラチンは粉ゼラチンでも
大丈夫です

7

電子レンジで30秒加熱して温めた牛乳にゼラチンを加え、6に加えて混ぜる。

8

別のボウルに生クリームを入れ、持ち上げると形が残るくらいまで泡立て、7に加えて混ぜる。

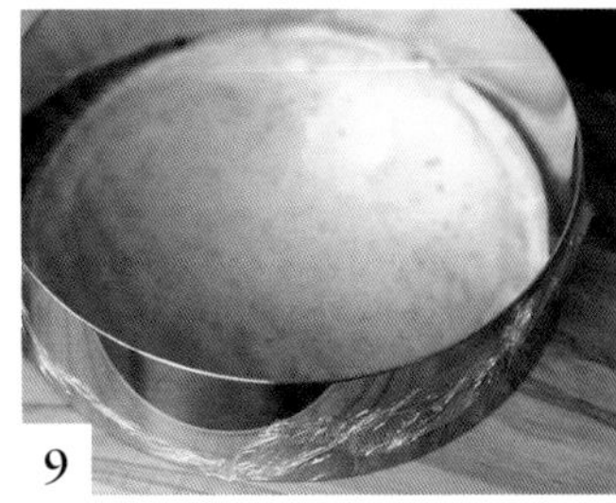

9

セルクル型の底にラップを張り、底面に4の生地を1枚入れる。

10

4の生地7枚を半分に切り、型のフチにらせん状に並べる。

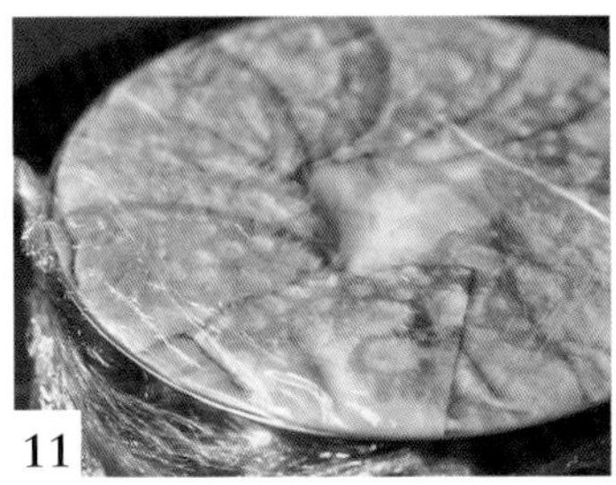

11

4の残りの生地と8のクリームを交互に重ねてフチから出ている10の生地を内側に折り、ラップで密着させ、冷蔵庫でひと晩休ませる。

☆ 仕上げをする

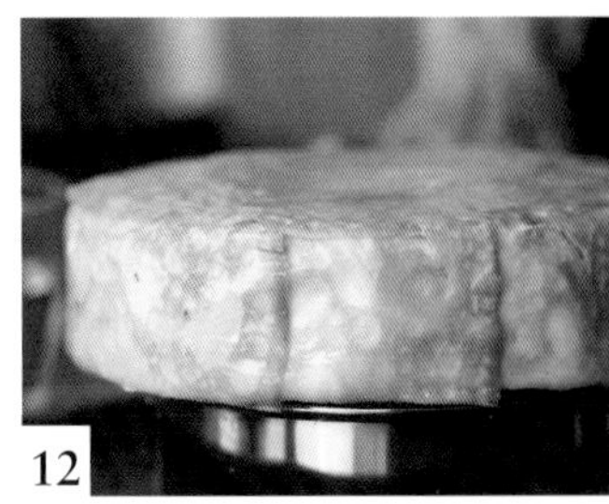

12

型の周りを加熱した濡れタオルやバーナーで温め、ゆっくりと型を外す。鍋に水、グラニュー糖を入れて中火で熱し、グラニュー糖が溶けたら火を止め、ゼラチンを加えて混ぜ、粗熱を取ったコーティング液をハケで表面に塗る。

13

ボウルに生クリーム、グラニュー糖を入れてかために泡立て、絞り袋に入れて12の上に絞る。

14

半分に切ったイチゴと花形に切ったイチゴ（作り方はP.90参照）を飾り、イチゴにも12のコーティング液を塗る。

テリーヌフロマージュ

「濃厚さと食感が楽しめるように、しっとりテリーヌと
サクサクのクッキーを合わせたスイーツにしています。」

材料（17㎝のパウンド型1台分）

そぼろクッキー生地

食塩不使用バター（室温に戻す）……40g
塩……ひとつまみ
グラニュー糖……40g
薄力粉……70g

クリームチーズのテリーヌ

クリームチーズ（室温に戻す）……200g
グラニュー糖……70g
ヨーグルト（プレーン）……100g
生クリーム（35%）……100㎖
全卵……120g
薄力粉……15g

仕上げ用

生クリーム（35%）……適量

そぼろクッキー生地を作る

1

ボウルにバター、塩、グラニュー糖を入れて混ぜる。

2

薄力粉をふるい入れ、切るように混ぜて両手ですり込み、そぼろ状にする。

3

天板に2を並べ、ラップをして冷蔵庫で30分～1時間冷やして生地を休ませる。

4

170℃に予熱したオーブンで15～20分焼き、粗熱が取れたら、砕く。

クリームチーズのテリーヌを作る

5

ボウルにクリームチーズ、グラニュー糖を入れて混ぜる。

6

5にヨーグルト、生クリーム、卵を加えて混ぜ、薄力粉をふるい入れてさらに混ぜる。

7

6をオーブンシートを敷いたパウンド型に流し入れ、天板に湯を張って160℃に予熱したオーブンで40分焼く。

8

粗熱が取れたらラップをして冷蔵庫で1日冷やす。

仕上げをする

9

型から外し、上にやわらかめに泡立てた生クリームを塗って4を敷き詰める。

Advice

ゆるめの生地でOK

焼き上がりの生地がゆるいと感じるかもしれませんが、冷やすことでしっかりとまとまりますので大丈夫です。

濃厚すぎる
チョコレートテリーヌ

「チョコレートテリーヌをチョコレートでコーティングして
チョコレートクッキーをまぶしたチョコづくしのスイーツです。」

材料（21㎝のパウンド型1台分）

チョコレートテリーヌ

- クーベルチュールスイート フレーク（カカオ56%）…200g
- 生クリーム（35%）…100㎖
- 食塩不使用バター…100g
- はちみつ…15g
- 全卵（溶く）…180g分

そぼろクッキー生地

- 食塩不使用バター（室温に戻す）…40g
- グラニュー糖…40g
- 塩…ひとつまみ
- 薄力粉…65g
- ココアパウダー…10g

仕上げ用

- コーティング用チョコレート…50g
- 牛乳…25㎖
- 粉糖…適量

チョコレートテリーヌを作る

はちみつが苦手な方は
水あめで代用してもOK

1
耐熱ボウルにクーベルチュールを入れ、60℃の湯煎で溶かす。

2
鍋に生クリーム、バター、はちみつを入れ、弱火で温めてバターを溶かす。

3
1に2を加えて混ぜる。混ぜながら溶き卵を数回に分けて加える

4
オーブンシートをアルミホイルをつけたパウンド型に敷く。3を濾しながら流し入れる。

5
天板に湯を張ってアルミホイルをかぶせ、170℃に予熱したオーブンで30〜40分蒸し焼きにする。

6
ケーキクーラーの上で粗熱を取り、冷めたらラップをして冷蔵庫でひと晩休ませる。

そぼろクッキー生地を作る

焼いている途中、
たまにかき混ぜると
火の通りが均等になります

7
ボウルにバター、グラニュー糖、塩を入れ、練り込む。

8
7に薄力粉、ココアパウダーをふるい入れ、両手ですり混ぜ、そぼろ状にする。

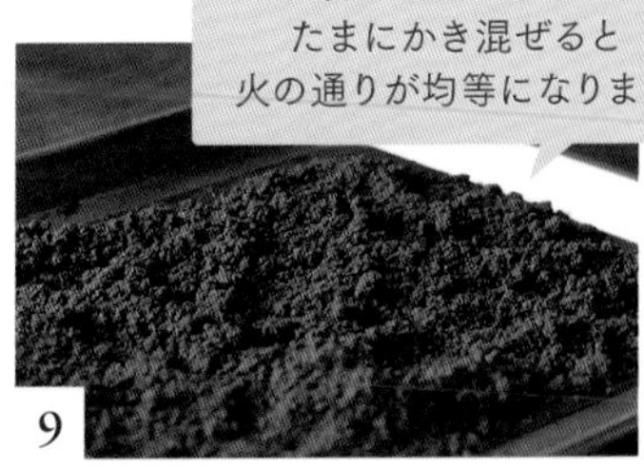
9
天板に8を並べ、170℃に予熱したオーブンで15〜20分焼く。

仕上げをする

10
6を型から外し、両端を切り落とす。

11
耐熱ボウルにチョコレートを入れ、電子レンジで20秒ずつ加熱して溶かし、電子レンジで30秒加熱して温めた牛乳を加えて混ぜ、10の全体に塗り広げる。

12
9を全体にまぶし、粉糖をふる。

チョコレートの
クレープクッキー

「薄いクレープ生地にチョコレートをコーティングして
濃厚な味わいと食感が楽しめるスイーツです。」

材料（20本分）

クレープ生地

薄力粉	30g
ココアパウダー	5g
グラニュー糖	30g
全卵	60g
牛乳	125㎖
バニラペースト	適量
食塩不使用バター	30g

仕上げ用

クーベルチュールスイートフレーク（カカオ56%）	300g

★ クレープ生地を作る

1
ボウルにふるった薄力粉、ココアパウダー、グラニュー糖、卵を入れて混ぜる。

2
鍋に牛乳、バニラペーストを入れて沸かし、バターを加えて混ぜ溶かし、1を加えて濃度をつける。

3
耐熱容器によく混ぜ合わせた2を濾しながら入れ、半日ほど休ませる。

4
天板やバットの裏面にオーブンシートを敷き、ビニールシートで作った型（作り方はAdvice参照）に合わせて3を薄く伸ばす。

5
型を外し、150℃に予熱したオーブンで9分焼き、焼き上がったら生地を丸めて粗熱を取る。

★ 仕上げをする

6
耐熱ボウルに200gのクーベルチュールを入れ、電子レンジで20秒ずつ加熱して溶かす。

7
残りのクーベルチュールを細かく刻み、6に加えて32℃までチョコレートの温度を下げる。

8
5を加えて全体にコーティングをして並べる。

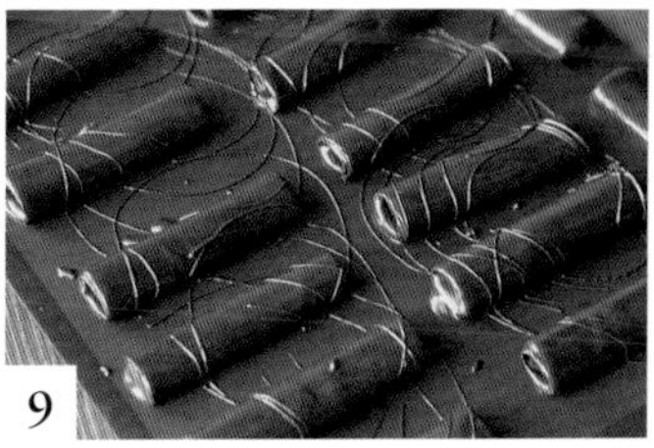
9
残ったチョコレートをチョコペン（作り方はP.9参照）に入れて飾り、冷蔵庫で冷やす。

Advice

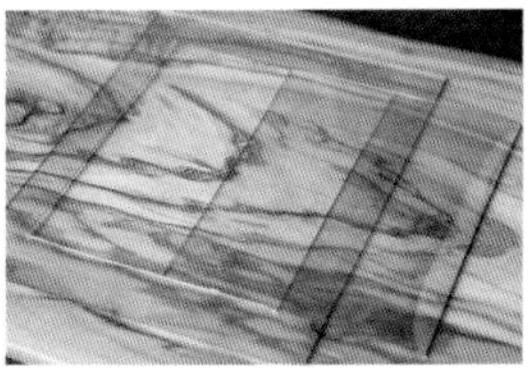

ビニールシート型の作り方

厚さ1㎜のビニールシートの内側を9×12㎝に切り抜けば完成です。切った後はビニールの破片などが残らないように洗ってから使用してください。

カスタードアップルパイ

「リンゴと相性のよい紅茶を入れて作りました。
紅茶がリンゴの味を引き立ててくれるアイデアレシピです。」

材料（15㎝のセルクル型1台分）

リンゴのソテー

- リンゴ……400g(2個分)
- グラニュー糖……50g
- レモン汁……20mℓ
- 食塩不使用バター(室温に戻す)……30g

カスタードクリーム

- 卵黄……35g
- グラニュー糖……30g
- 薄力粉……15g
- 牛乳……200mℓ
- アールグレイの茶葉……1パック分(2g)

仕上げ用

- パイシート(市販品・17.5×10.5㎝)……3枚
- 卵黄……20g
- 水……少々
- ガムシロップ……適量

リンゴのソテーを作る

リンゴは皮をむき、8等分に割ってひと口大に切る。

ある程度水分が出てきたら、弱火で煮詰めましょう

フライパンに1、グラニュー糖、レモン汁を加えて中火にかけ、リンゴから出た水分を煮詰める。

2に透明感が出てきたらバターを加えて混ぜ、耐熱容器に移してラップを密着させ、氷水で冷ます。

カスタードクリームを作る

ボウルに卵黄、グラニュー糖を入れ、白っぽくなるまで混ぜ、薄力粉を加えてさらに混ぜる。

鍋に牛乳、アールグレイの茶葉を入れて沸かし、4のボウルに加えて混ぜる。

加熱すると濃度が出ますが重くなったからと火を止めず、コシが切れて全体にツヤが出るまで加熱しましょう

5を濾して鍋に戻し、混ぜながら中火にかける。耐熱容器に移してラップを密着させ、氷水で冷やす。

仕上げをする

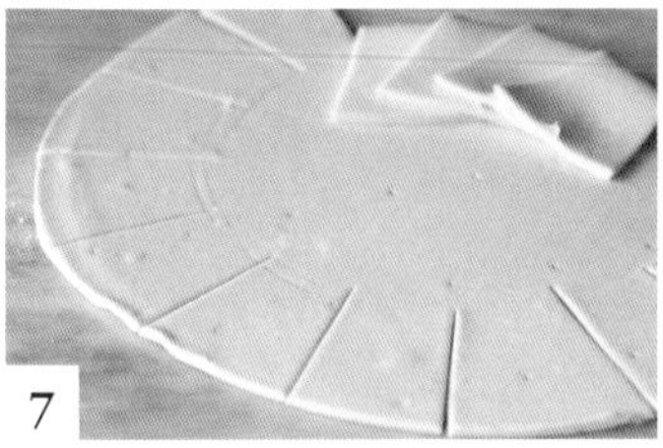

パイシートを2枚重ね、3㎜厚さに伸ばして25㎝の丸形にし、16カ所に切り込みを入れて内側に折り込み、15㎝の丸形を作る。

切り込みが入っているので、側面に軽く押し込み、すき間をなくしましょう

7をセルクル型に入れ、折り込んだ生地を側面に立てかけ、混ぜてコシを切った6を円を描くように流し入れる。

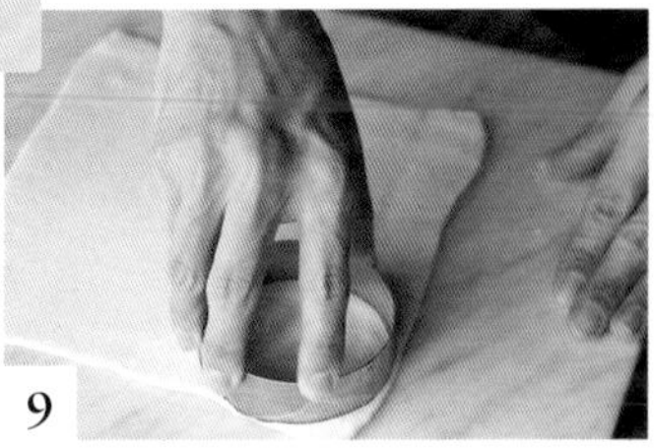

残りのパイシートを3㎜厚さに伸ばし、5.5㎝のセルクル型で抜き、半月状に切る。

8の上に3を敷き詰め、9をらせん状に並べ、側面に立てかけた生地を内側に折り込み、水で伸ばした卵黄を塗り、生地を接着させる。

焼き色を見ながら、焼き時間を調整してください

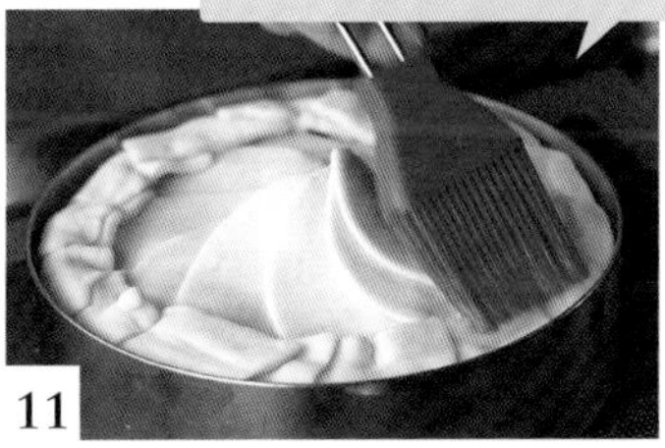

さらに卵液を全体に塗り、180℃に予熱したオーブンで50〜60分焼く。

表面にガムシロップを塗って粗熱を取り、冷めたら冷蔵庫でひと晩休ませる。

チョコレートタルト

「ちょっと贅沢なチョコレートスイーツが作りたくなって、
チョコレートの量を多めにして作った濃厚なタルトです。」

材料（15㎝のセルクル型1台分）

ココアクッキー生地

食塩不使用バター（室温に戻す）……50g
粉糖……25g
卵黄……20g
ココアパウダー……15g
アーモンドパウダー……16g
薄力粉……60g
卵黄（コーティング用）……120g

チョコレート生地

生クリーム（35%）……200mℓ
牛乳……50mℓ
クーベルチュールスイートフレーク（カカオ56%）……130g
卵黄……15g
全卵……60g
バニラペースト……適量
グラニュー糖……15g

仕上げ用

クーベルチュールスイートフレーク（カカオ56%）……70g
生クリーム（35%）……70mℓ

★ココアクッキー生地を作る

1

ボウルにバターを入れてポマード状にし、粉糖を加える。

2

1に卵黄を加えて混ぜ、バターと乳化させる。

3

2にココアパウダー、アーモンドパウダー、薄力粉をふるい入れ、切るように混ぜる。

可能であれば、生地は1日休ませましょう

4

生地をまとめてラップに包み、冷蔵庫で最低2時間休ませる。

5

ラップを敷いて4をのせ、さらにラップをかけ、麺棒で3㎜厚さに伸ばす。

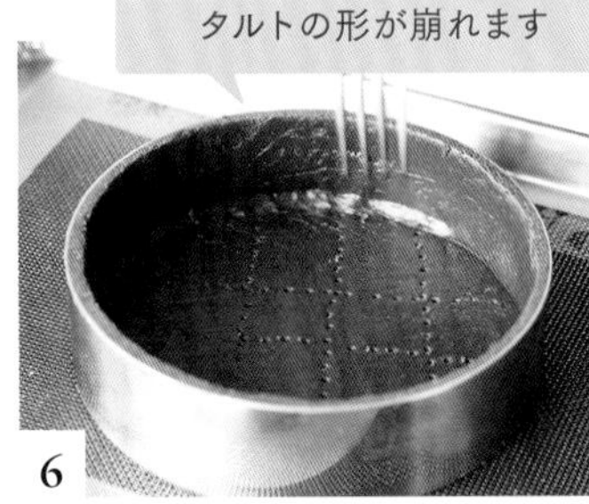

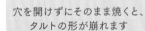

穴を開けずにそのまま焼くと、タルトの形が崩れます

6

セルクル型で抜いて底に入れ、側面にも生地をつけて底にフォークで穴を開け、ラップをして冷蔵庫で1時間ほど休ませる。

タルトストーンは、
生米や小豆などでも
代用可能です

7

円形にカットして切り込みを入れたオーブンシートを敷き、タルトストーンを敷く。

8

170℃に予熱したオーブンで10～15分焼く。ハケでコーティング用の卵黄を塗り、170℃でさらに5分焼く。

★ チョコレート生地を作る

9

鍋に生クリーム、牛乳を入れて沸かす。

10

耐熱ボウルにクーベルチュールを入れ、9を加えて混ぜ、乳化させる。

11

ボウルに卵黄、卵、バニラペースト、グラニュー糖を入れて白っぽくなるまで混ぜる。

12

10に11を少しずつ加えながら混ぜて、濾す。

焼き上がりは、少し
揺れるくらいが目安です

13

8に12を流し込み、160℃に予熱したオーブンで20分焼き、粗熱が取れたら冷蔵庫で1日休ませる。

★ 仕上げをする

14

耐熱ボウルにクーベルチュールを入れ、電子レンジで20秒ずつ加熱して溶かす。

15

14に電子レンジで40秒加熱して温めた生クリームを加えて混ぜ、乳化させる。13の上にかけ、冷蔵庫で30分ほど休ませる。

ミルクティーシフォンケーキ

「定番のシフォンケーキに紅茶を加えてさわやかな味にしました。
ホイップクリームを添えて食べても◎。」

材料（15㎝のシフォン型1台分）

シフォンケーキ

全卵……3個
牛乳……35㎖
アールグレイの茶葉
……1パック分(2g)
グラニュー糖……15g
サラダ油……30㎖
グラニュー糖(メレンゲ用) 50g
薄力粉……60g
ベーキングパウダー……3g

★ シフォンケーキを作る

1

卵は卵黄と卵白に分け、それぞれボウルに入れる。

2

電子レンジで30秒加熱して牛乳を温め、アールグレイの茶葉を入れ、室温で冷ます。

3

1の卵黄にグラニュー糖、サラダ油を加えて混ぜ、2を濾しながら加えてさらに混ぜる。

4

3に薄力粉、ベーキングパウダーをふるい入れ、混ぜる。

5

1の卵白を混ぜながらメレンゲ用のグラニュー糖を数回に分けて加え、メレンゲ（作り方はP.34参照）を作る。

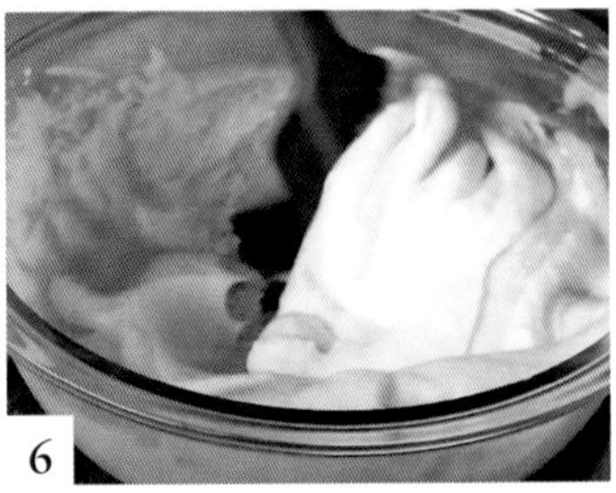

6

4に5を加えて混ぜる。

7

シフォン型に入れ、170℃に予熱したオーブンで30〜40分焼く。

焼き上がり後に串を刺して中心まで火が入っているか確認してください

8

焼き上がったら瓶などを穴に挿して逆さにし、粗熱を取って2〜3時間休ませる。

紙製のシフォン型

シフォンケーキを作る用の型。紙製の型は、生地を焼いたときにしっかりと張りつくので初心者でも使いやすいのが特徴です。型から外すときもミシン目がついているものならナイフを入れる必要がないので、きれいな円形に仕上がります。

Advice

オーブンシートは不要

シフォン型の底にオーブンシートを敷くと、膨らむときに盛り上がってしまうので、オーブンシートは使わずに焼きましょう。

チョコレートマカロン

「マカロンは失敗してしまうという反響が多かったので、
失敗の少ないように考えたレシピです。」

音声解説つき動画で
失敗せずに作れます

材料（13個分）

チョコレートクリーム

クーベルチュールスイート
　フレーク（カカオ56%）…80g
生クリーム（35%）………60㎖

マカロン生地

粉糖…………………………50g
アーモンドパウダー………50g
ココアパウダー……………15g
卵白…………………………20g
卵白（メレンゲ用）…………40g
グラニュー糖………………80g

☆チョコレートクリームを作る

1
耐熱容器にクーベルチュールを入れ、電子レンジで20秒ずつ加熱して溶かす。

2
電子レンジで40秒加熱して温めた生クリームを加え、中心からゆっくりと混ぜて乳化させる。ラップを密着させ、冷蔵庫で30分休ませる。

☆マカロン生地を作る

3
耐熱ボウルに粉糖、アーモンドパウダー、ココアパウダーをふるい入れ、卵白を加えて切るように混ぜる。

4
別のボウルにメレンゲ用の卵白を入れ、泡立ててグラニュー糖の⅓量加え、さらに泡立てる。

5
60℃の湯煎で**4**を40℃くらいまで温め、残りのグラニュー糖を加え、メレンゲ（作り方はP.34参照）を作る。

全体にダマが残らないように、混ぜながら均一にしてください

6
3に**5**をダマができないように混ぜながら2回に分けて加え、ゴムベラで持ち上げてもダラッと流れない状態にする。

指で触っても生地がつかなくなるまで乾燥させましょう

7
絞り袋に入れ、ベーキングマットを敷いた天板に3㎝くらいに絞って乾燥させる。

8
160℃に予熱したオーブンで15分焼く。

☆仕上げをする

9
2を絞り袋に入れ、**8**に絞ってサンドする。ラップをして冷蔵庫でひと晩休ませる。

Advice

材料を変更すれば抹茶マカロンに

材料（13個分）

抹茶クリーム
- クーベルチュールホワイト フレーク（カカオ40％）……100g
- 抹茶パウダー……5g
- 生クリーム（35％）……50mℓ

マカロン生地
- 粉糖……50g
- アーモンドパウダー……50g
- 抹茶パウダー……4g
- 卵白……20g
- 卵白（メレンゲ用）……45g
- グラニュー糖……65g

抹茶マカロンの場合は、工程8では180℃に予熱したオーブンで3分焼き、140℃に下げて13分焼いてください。

Column 3

飾りつけのテクニック

本書で紹介しているスイーツの飾り方を紹介します。
ちょっとした飾り方で出来栄えにも大きな違いが出るテクニックです。

花形イチゴの作り方

イチゴのミルクレープ(P.70)の上にのせている花形イチゴの作り方です。

1 イチゴはヘタを取り、真ん中にペティナイフでジグザグに切り込みを入れる。

2 1周して半分に切り分ける。

2種類のチョコレートの飾り方

チョコレートトリュフ(P.16)などで使っているチョコペンを使った飾り方です。

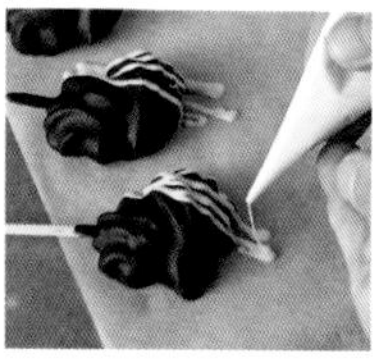

チョコペンで勢いよく斜めに絞る。

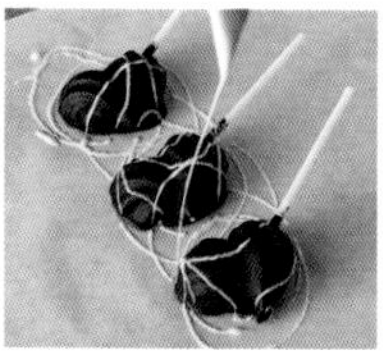

チョコペンで円を描くように絞る。

フォークを使った飾り方

ガレットブルトンヌ(P.118)などで使っているフォークを使った飾り方です。

1 表面を軽く削るように線を引く。

2 交差するように2本の線を引いて焼く。

Chapter 4

ちょっぴり張り切りたい！

オーブンで作る ベイクドスイーツ

パウンドケーキやクッキー、シュークリームなど、
オーブンで焼いて作れるスイーツレシピです。
ベイクドスイーツはハードルが
高いと思う人もプロセス通りに作れば大丈夫。
焼き上がり後に感動すること
間違いなしのスイーツばかりです!!

モンブランタルト

「栗のフィナンシェと
マロンクリームで、贅沢に栗を
使った大人のスイーツ。
ラム酒が栗の風味を
引き立たせます。」

材料（15㎝のセルクル型1台分）

タルト生地

食塩不使用バター（室温に戻す）……60g
粉糖……40g
卵黄……20g
薄力粉……120g
アーモンドパウダー……20g

フィナンシェ

卵白……60g
グラニュー糖……20g
薄力粉……18g
アーモンドパウダー……30g
マロンクリーム……25g
食塩不使用バター（溶かす）……30g分

マロンクリーム

マロンペースト……200g
マロンクリーム……100g
ラム酒……20㎖
生クリーム（35％）……50㎖

仕上げ用

生クリーム（35％）……100㎖
グラニュー糖……10g
粉糖……適量
栗の甘露煮（市販品）……2個

★ タルト生地を作る

1

ボウルにバターを入れて混ぜ、やわらかくなったら粉糖を加え、混ぜる。

2

卵黄を加えてさらに混ぜる。

3

薄力粉、アーモンドパウダーをふるい入れ、切るように混ぜる。

粉を合わせるとグルテンが発生するので、
冷やしてグルテンを落ち着かせることで
サクサクのタルト生地になります

4

全体がまとまったらラップに包み、冷蔵庫で半日休ませる。

5

ラップを外してジッパーつき保存袋に入れ、麺棒などで3㎜の厚さに伸ばす。

6

セルクル型で5を抜いて底に入れ、側面にも生地を張りつけ、口金のフチで周りを抜く。

穴を開けずにそのまま焼くと、
タルトの形が崩れます

7

フォークなどを底に刺して穴を開け、ラップをして冷蔵庫で30分～1時間休ませる。

タルトストーンは生米や
小豆でも代用可能です

8

7の上に、円形にカットして切り込みを入れたオーブンシートを敷き、タルトストーンをのせ、170℃に予熱したオーブンで15分焼く。

★ フィナンシェを作る

卵白は泡立てなくてOKです

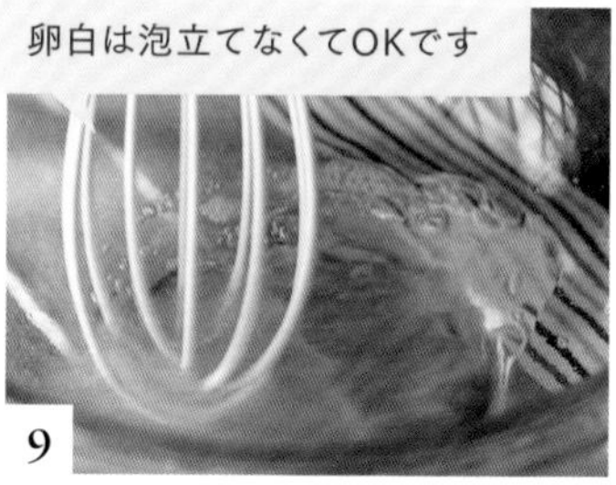

9

ボウルに卵白を入れ、コシを切るように混ぜ、グラニュー糖を加える。

10 薄力粉、アーモンドパウダーをふるい入れて混ぜる。

11 マロンクリームを加えて混ぜ、溶かしバターを加え、さらに混ぜる。

12 タルトストーン、オーブンシートを取った**8**に**11**を流し入れ、170℃のオーブンで15分焼く。

★ マロンクリームを作る

13 ボウルにマロンペースト、マロンクリームを入れ、混ぜてなめらかにし、ラム酒を加えてさらに混ぜる。

14 生クリームを少しずつ加えながら混ぜる。

★ 仕上げをする

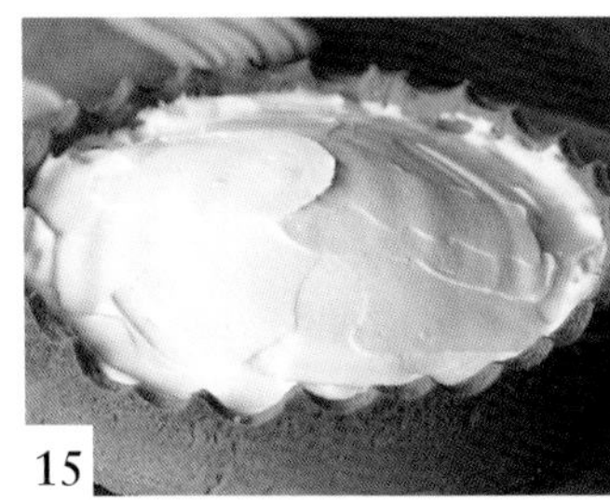
15 ボウルに生クリーム、グラニュー糖を入れて混ぜ、かために泡立てたホイップクリームを作り、**12**の上に塗り広げる。

16 絞り袋に**14**を入れ、**15**の上に円を描くように絞る。

17 粉糖をふり、栗の甘露煮を飾る。

栗の甘露煮とは

渋皮をむいてアク抜きした栗に砂糖などの調味料と水で煮て作る、甘さをプラスした栗です。

使用している栗の甘露煮
栗甘露煮（小瓶）/ 310g / 富澤商店

プチ・ショコラタルト

「ひと口サイズなので手軽に持ち運べて
プレゼントや手土産におすすめのスイーツです。」

材料（24個分）

ココアクッキー

食塩不使用バター（室温に戻す）……60g
粉糖……40g
卵黄……20g
薄力粉……80g
アーモンドパウダー……30g
ココアパウダー……20g

生チョコレート

クーベルチュールスイート
フレーク（カカオ56%）……150g
生クリーム（35%）……80mℓ
水あめ……15g
食塩不使用バター（室温に戻す）……25g

仕上げ用

ココアパウダー、銀箔…各適量

ココアクッキーを作る

1 ボウルにバターを入れ、粉糖を加えて混ぜ、卵黄を加えてさらに混ぜる。

2 薄力粉、アーモンドパウダー、ココアパウダーをふるい入れ、粉を含ませながら切るように混ぜる。

3 生地をまとめてラップに包み、麺棒などで平たくし、冷蔵庫で2～3時間休ませる。

4 3を麺棒などで3㎜ほどの厚さに伸ばし、5.5㎝のセルクル型で抜いてバットに入れ、ラップをして冷蔵庫で休ませる。

5 4を半球のシリコン型にのせ、180℃に予熱したオーブンで10～15分焼く。

6 粗熱が取れたら、おろし金で形を整える。

生チョコレートを作る

55℃は超えないように
注意してください

7 耐熱ボウルにクーベルチュールを入れ、電子レンジで20秒ずつ加熱して溶かす。

8 鍋に生クリーム、水あめを入れて混ぜながら温め、7に加える。

9 中心からゆっくりと混ぜて乳化させる。

10 バターを加えて混ぜ、チョコレートの余熱で溶かし、絞り袋に入れる。

この工程でラム酒や
ウイスキーを加えると、
大人の味わいになります

11 6に流し込み、ラップをして冷蔵庫で固まるまで冷ます。

仕上げをする

12 ココアパウダー、銀箔をふって飾る。

シンプルなチョコレートタルト

「作りやすい定番のチョコレートタルトです。
仕上げにオレンジやベリーを飾って
アレンジしてもOKです。」

材料（18㎝のタルト型1台分）

タルト生地
- 食塩不使用バター（室温に戻す）……60g
- 粉糖……40g
- 卵黄……20g
- 薄力粉……130g
- アーモンドパウダー……20g

生チョコレート
- クーベルチュールスイート フレーク（カカオ56%）…200g
- 生クリーム（35%）……100㎖
- はちみつ（水あめでも可）…20g

仕上げ用
- ココアパウダー、銀箔…各適量

タルト生地を作る

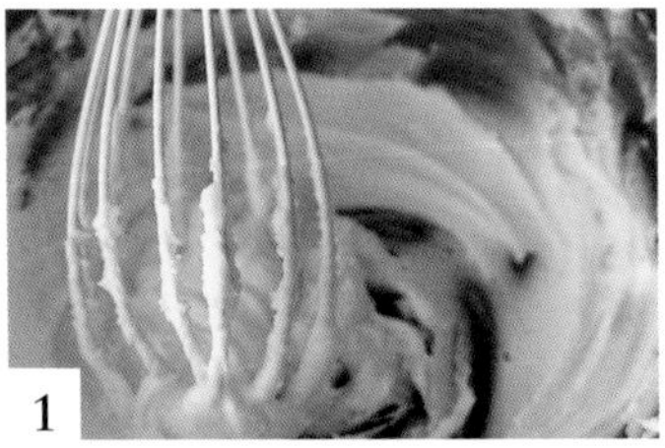

1

ボウルにバターを入れて混ぜ、やわらかくなったら粉糖を加え、さらに混ぜる。

2

卵黄を加えてさらに混ぜる。

3

薄力粉、アーモンドパウダーをふるい入れ、切るように混ぜる。

粉を合わせるとグルテンが発生するので、
冷やしてグルテンを落ち着かせることで
サクサクのタルト生地になります

4

全体がまとまったらラップに包み、冷蔵庫で半日休ませる。

5

打ち粉（分量外）をし、麺棒などで3㎜の厚さに伸ばしてタルト型にはめ込む。

6

フォークなどを底に刺して穴を開け、ラップをして冷蔵庫で30分〜1時間ほど休ませる。

7

6の上にオーブンシートを円形にカットして切り込みを入れて敷き、タルトストーンをのせ、170℃に予熱したオーブンで10分焼き、オーブンシートとタルトストーンを取ってさらに15〜17分焼く。

生チョコレートを作る

8

耐熱ボウルにクーベルチュールを入れ、電子レンジで20秒ずつ加熱して溶かす。

9

耐熱の計量容器に生クリーム、はちみつを入れて電子レンジで40秒加熱して温める。

10

8に9を加え、混ぜる。

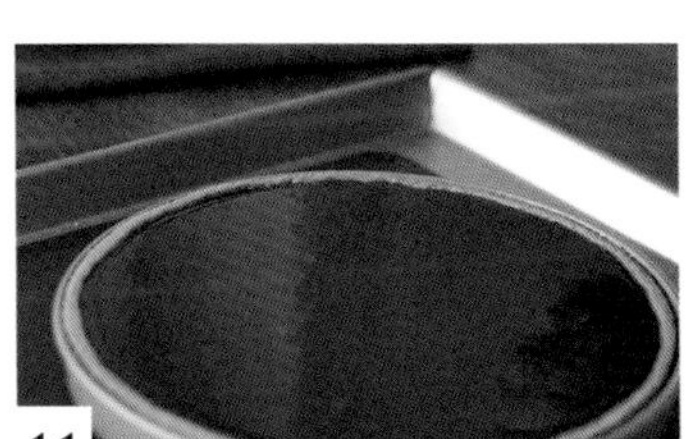

11

タルトストーンとオーブンシートを取った7に10を流し込み、ラップをして冷蔵庫で冷やし固める。

仕上げをする

12

型から外し、余った生チョコレートを絞り袋に入れて絞り、ココアパウダーをふって銀箔を散らす。

ふわふわなスフレチーズケーキ

「ふわふわにするためにはメレンゲの作り方がとても重要です。
生クリームを加えて濃厚な味にしています。」

材料（18㎝の丸型1台分）

スフレチーズケーキ

- クリームチーズ（室温に戻す）……200g
- 卵黄……80g
- 生クリーム（35%）……200㎖
- 薄力粉……50g
- 卵白……160g
- グラニュー糖……80g

仕上げ用

- アプリコットジャム……適量

★スフレチーズケーキを作る

1
ボウルにクリームチーズを入れ、ポマード状になるまで混ぜ、卵黄、生クリームを加えてさらに混ぜる。

2
薄力粉をふるい入れ、切るように混ぜる。

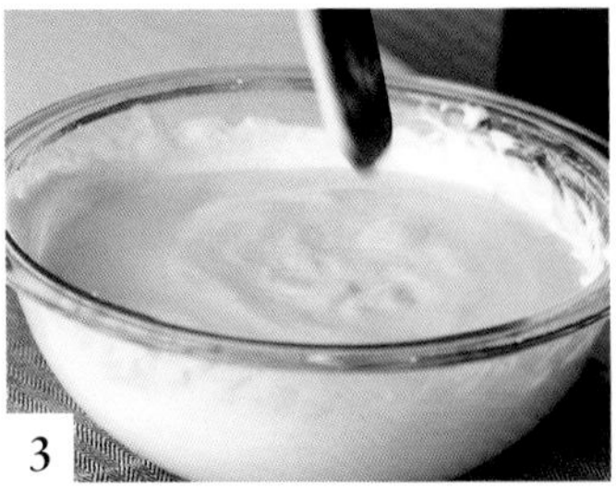

3
別のボウルに卵白を入れて混ぜ、グラニュー糖を加えて混ぜながらメレンゲ（作り方はP.34参照）を作り、2に加えてさらに混ぜる。

焼き上がり後すぐにオーブンから出すと、シワやしぼみの原因になるので、粗熱が取れるまでオーブンの中で休ませてください

4
オーブンシートを敷いた丸型に3を流し込み、天板に湯を張って140℃に予熱したオーブンで30〜40分蒸し焼きにする。

★仕上げをする

5
耐熱容器にアプリコットジャム、少量の湯（分量外）を入れて混ぜ、4の表面に塗る。

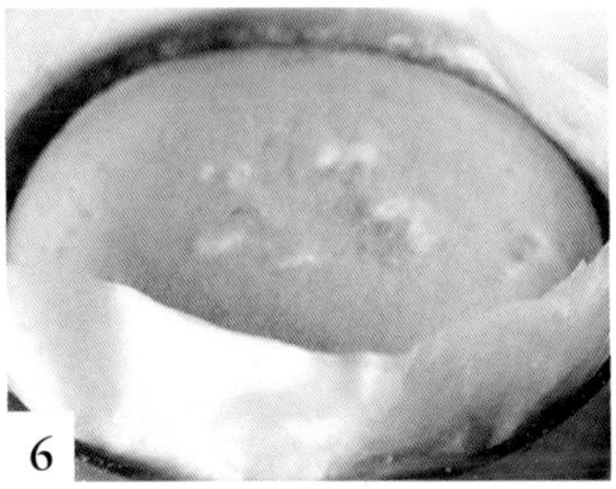

6
5が常温まで冷めたらラップをし、冷蔵庫で3時間ほど休ませ、型から外す。

Advice

生地をうまく焼くコツ

工程4の焼き上がり後、串を刺して生地がついてくる場合は、追加で10〜20分焼いてください。焼き上がりで割れてしまう場合は、オーブンシートの内側に食塩不使用バターを塗ってから焼くようにしましょう。

チョコレートカステラ

「蒸し焼きにしているので
しっとりとした仕上がりになります。
生クリームを加えて
上品な見た目に。」

材料（21㎝のパウンド型1台分）

チョコレートカステラ

食塩不使用バター	30g
牛乳	30㎖
卵黄	60g
グラニュー糖（卵黄用）	10g
はちみつ	15g
卵白	120g
グラニュー糖（卵白用）	60g
薄力粉	40g
ココアパウダー	15g

仕上げ用

生クリーム（35%）	適量

★ チョコレートカステラを作る

1
耐熱ボウルにバター、牛乳を入れ、湯煎で混ぜながら溶かす。

2
別のボウルに卵黄、グラニュー糖、はちみつを入れて混ぜる。

3
別のボウルに卵白を入れて混ぜ、グラニュー糖を加えてさらに混ぜ、メレンゲ(作り方はP.34参照)を作る。

4
2に**3**の⅓量を加え、混ぜる。

5
4に薄力粉、ココアパウダーをふるい入れ、混ぜる。

6
5に残りの**3**を加え、泡を潰さないようにさっくりと混ぜる。

7
6に**1**を加えて混ぜる。

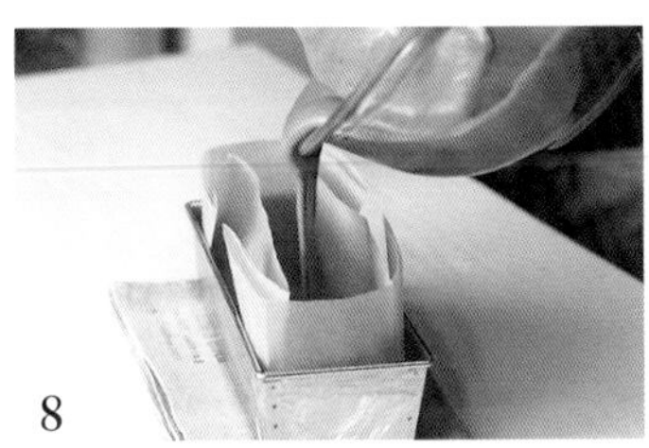
8
オーブンシートを敷いてアルミホイルをつけたパウンド型に**7**を流し込む。

9
8をのせた耐熱容器に湯を張り、170℃に予熱したオーブンで30〜35分蒸し焼きにする。

★ 仕上げをする

10
型から外して切り込みを入れ、かために泡立てた生クリームを絞る。

Advice

美しく仕上げるには

仕上げにお好みのチョコレートをピーラーで削ってカステラの上に散らせば、見た目も美しく仕上がります。

かための濃厚プリン

「昔ながらのプリンをイメージして、
卵の量を多めにすることで
かためのプリンにしました。」

材料（3個分）

カラメルソース

- グラニュー糖……50g
- 水……20㎖
- 湯……30㎖

プリン液

- 牛乳……160㎖
- 生クリーム(35%)……50㎖
- バニラビーンズ……⅓本分
- 全卵……120g
- 卵黄……20g
- グラニュー糖……50g

仕上げ用

- 生クリーム(35%)……適量

カラメルソースを作る

1

鍋にグラニュー糖、水を入れて焦げてきたら、火を止め、湯を加えて混ぜ、カラメルソースを作る。

2

耐熱の容器に流し込む。

プリン液を作る

3

鍋に牛乳、生クリーム、バニラビーンズを入れて沸かす。

4

耐熱ボウルに卵を割りほぐし、卵黄、グラニュー糖を加えて混ぜる。

5

4に3を混ぜながら加え、耐熱の計量容器に濾しながら入れる。

6

スプーンなどで表面の気泡を取り、2に流し込む。

仕上げをする

7

アルミホイルをかぶせ、深めのバットに入れて湯煎をする。

8

150℃に予熱したオーブンで30〜40分蒸し焼きにする。

9

焼き上がったら氷水に入れて冷まし、ラップをして冷蔵庫で1日休ませる。

10

容器をひっくり返して器に盛り、かために泡立てた生クリームをのせる。

Advice

きれいに焼くコツ

プリン液が冷えてしまうと焼きムラの原因になりますので、温かいうちに蒸し焼きにしましょう。

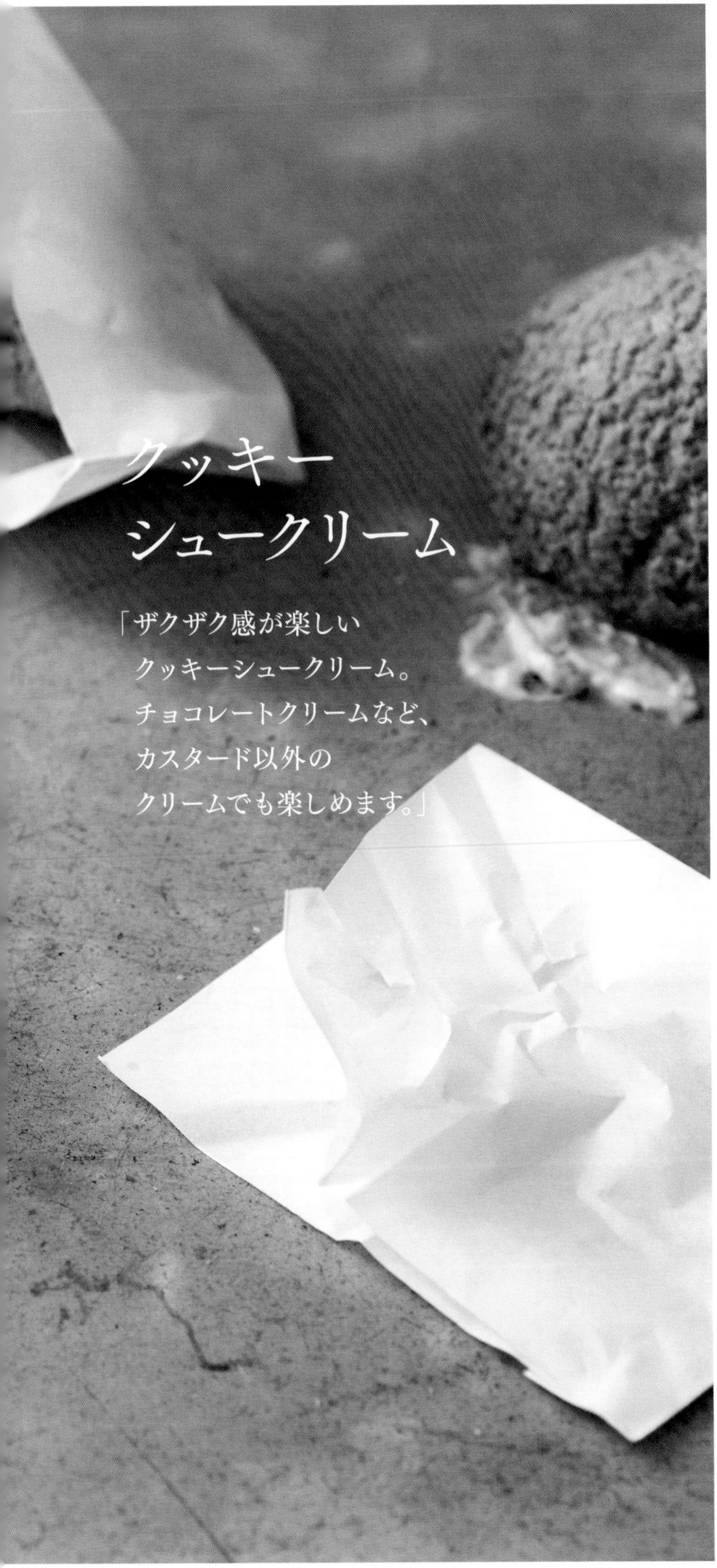

クッキー シュークリーム

「ザクザク感が楽しい
クッキーシュークリーム。
チョコレートクリームなど、
カスタード以外の
クリームでも楽しめます。」

材料(5.5㎝のセルクル型15個分)

バタークッキー
食塩不使用バター(室温に戻す)……50g
グラニュー糖……40g
薄力粉……50g

シュー生地
牛乳……30㎖
水……50㎖
食塩不使用バター(室温に戻す)……40g
塩……ひとつまみ
薄力粉……40g
全卵(溶く)……120g分

カスタードクリーム
卵黄……60g
グラニュー糖……40g
薄力粉……20g
牛乳……250㎖
バニラビーンズ……½本

仕上げ用
生クリーム(35%)……80g

★ バタークッキーを作る

1
ボウルにバターを入れて混ぜ、ポマード状にしてグラニュー糖を加え、混ぜる。

2
薄力粉をふるい入れ、**1**に粉を含ませるように混ぜる。

3
全体をまとめてラップに包み、麺棒などで3㎜の厚さに伸ばし、冷蔵庫で冷やす。

4
ラップを外し、5.5㎝のセルクル型で抜き、焼く直前まで冷凍庫に入れる。

★ シュー生地を作る

5
鍋に牛乳、水、バター、塩を入れ、混ぜながら沸かす。

鍋底に薄い膜ができるのが
目安です

6
火を止め、薄力粉を加えて混ぜる。再度、火にかけて糊化させる。

7
全体がまとまったら耐熱ボウルに入れ、溶き卵を切るように混ぜながら、数回に分けて加える。

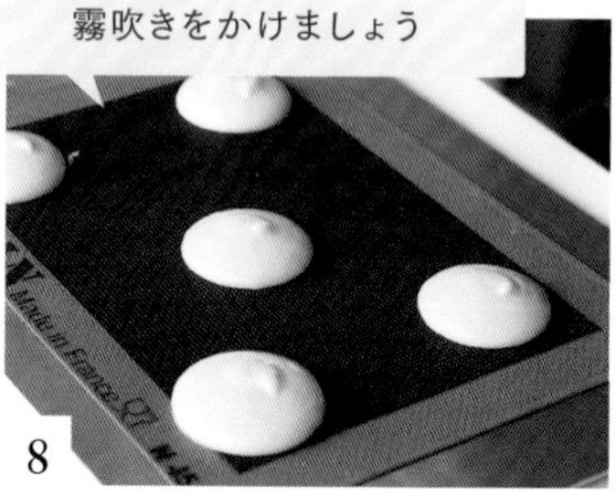

生地の表面が乾かないように
霧吹きをかけましょう

8
絞り袋に入れ、ベーキングマットを敷いた天板に5㎝大に絞る。

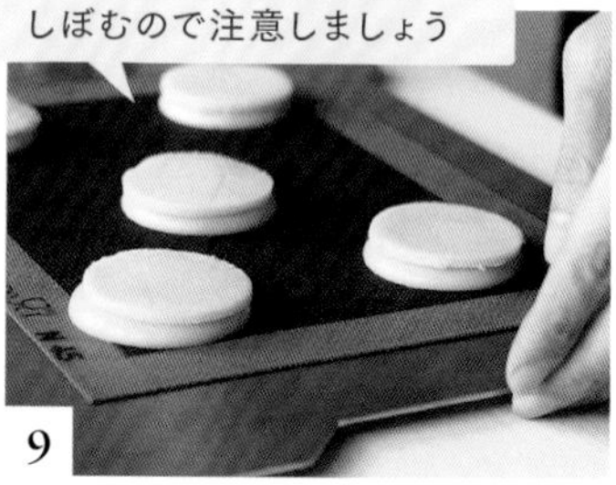

焼いている最中に扉を開けると
膨らんだシュー生地が
しぼむので注意しましょう

9
8に**4**をのせて180℃に予熱したオーブンで35分焼く。

★ カスタードクリームを作る

10
耐熱ボウルに卵黄を入れ、グラニュー糖を加えて白っぽくなるまで混ぜる。

11
薄力粉を加えて混ぜ、全体になじませる。

12
鍋に牛乳、バニラビーンズを入れて沸かし、**11**に加えて混ぜる。

はじめは液体ですが、
どんどん濃度が出て重くなります。
さらに混ぜるとクリームの濃度が
軽くなり、全体にツヤが出ます

13
濾しながら鍋に戻し入れ、中火にかけて混ぜながらとろみをつける。

14
全体がなめらかになったら耐熱容器に入れ、ラップを密着させて氷水で冷ます。

★ 仕上げをする

15
ボウルに**14**、やわらかめに泡立てた生クリームを入れて切るように混ぜる。

混ぜすぎるとクリームが
ダレてしまうので、少ない回数で
混ぜ合わせましょう

16
絞り袋に入れ、**9**の底に口金の大きさの穴を開け、絞り入れる。

Advice

破れない生地にするには

シュー生地が破れるのを防ぐために工程7で混ぜるときは、ゴムベラを持ち上げたときに逆三角形の形になる程度の粘りを出すイメージで、しっかりと混ぜましょう。

ミルフィーユ

「カスタードクリームでイチゴを丸ごと
包んだミルフィーユ。
切ったときにイチゴの断面が
かわいくなるようにしています。」

材料（作りやすい分量）

カスタードクリーム

- 卵黄……60g
- グラニュー糖……40g
- バニラペースト……適量
- 薄力粉……20g
- 牛乳……250mℓ
- 食塩不使用バター……20g
- 粉ゼラチン（10mℓの水で戻す）……3g
- 生クリーム（35%）……40g

パイ生地

- パイシート（市販品・17.5×10.5cm）……2枚
- 粉糖……適量

仕上げ用

- イチゴ、粉糖……各適量

★ パイ生地を作る

1
天板にパイシートをのせ、オーブンシートとケーキクーラーをのせ、160℃に予熱したオーブンで20分焼く。

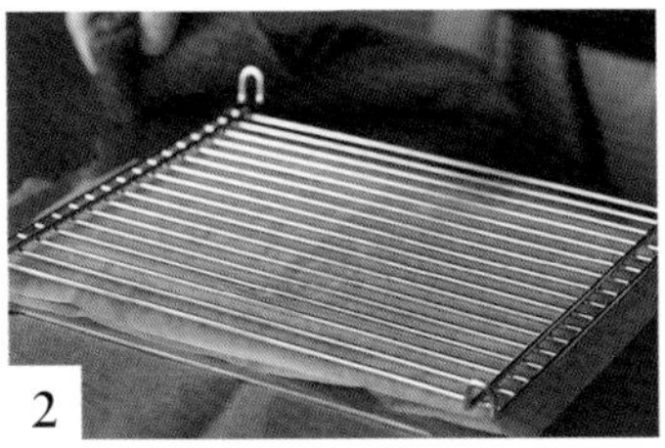
2
ケーキクーラーを逆さにし、さらに15分焼く。パイが凹んでしまう場合は、さらに5～10分プラスして焼く。

サイドの部分は切って砕き、側面の飾り用に取っておいてください

3
オーブンを220℃に予熱し、粉糖をかけた**2**を6～8分焼き、キャラメリゼする。

★ カスタードクリームを作る

4
ボウルに卵黄、グラニュー糖、バニラペーストを入れ、白っぽくなるまで混ぜ、薄力粉を加えてさらに混ぜる。

5
電子レンジで30秒加熱して温めた牛乳を**4**に加えて混ぜる。

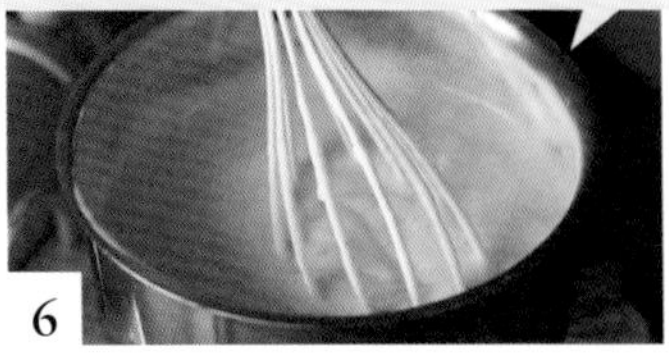

加熱すると濃度が出ますが、重くなっても火を止めず、コシが切れてツヤが出るまで加熱しましょう

6
鍋に移して中火にかけ、混ぜながら全体にツヤが出るまで加熱し、バターを加えて混ぜる。

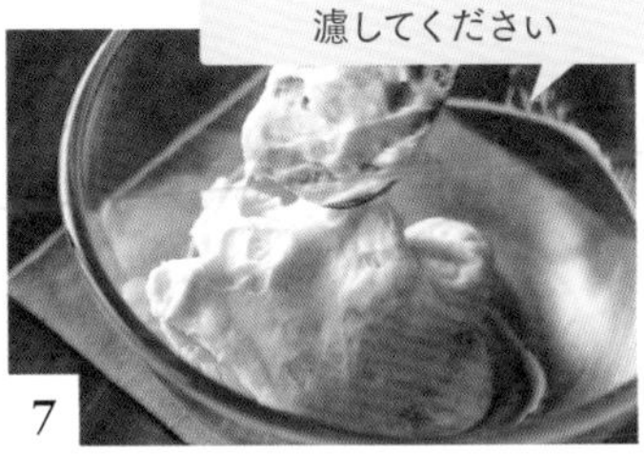

ダマが残っている場合は濾してください

7
耐熱ボウルに移し、氷水で冷ましてからボウルに移し、全体のコシを切るように混ぜる。

8
7の⅓量と電子レンジで20秒加熱して温めたゼラチンを混ぜ、**7**に戻してさらに混ぜる。

9
かために泡立てた生クリームを加えて混ぜ、氷水でカスタードのかたさを調整する。

★ 仕上げをする

10
3に**9**を薄く塗り、イチゴを並べ、**9**をすき間なく入れてパイ生地でふたをする。

11
イチゴが隠れるように側面もクリームで埋め、冷蔵庫で1時間ほど休ませる。

12
砕いたパイ生地を側面につけ、残ったクリームと切ったイチゴを飾り、粉糖をかける。

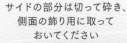

パウンドケーキ

「2種類の生地を使って上品なマーブル模様に。
仕上げのシロップでしっとりとした
仕上がりになります。」

材料（17㎝のパウンド型1台分）

生地の素
食塩不使用バター（室温に戻す）……120g
グラニュー糖……110g
全卵……125g

プレーン生地
薄力粉……55g
ベーキングパウダー……1g

チョコレート生地
薄力粉……35g
ココアパウダー……20g
ベーキングパウダー……1g

仕上げ用
グラニュー糖……65g
水……50㎖
ラム酒……115㎖

生地の素を作る

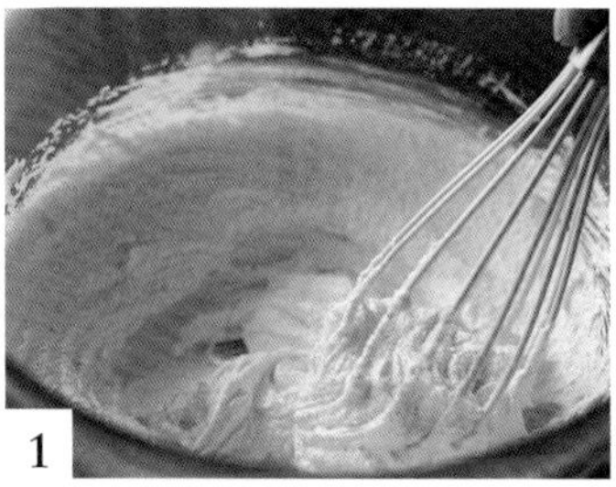

1
ボウルにバターを入れ、ポマード状にして白っぽくなるまで混ぜ、グラニュー糖を加えてさらに混ぜる。

一気に加えると分離します。少量ずつ加えてしっかり混ぜましょう

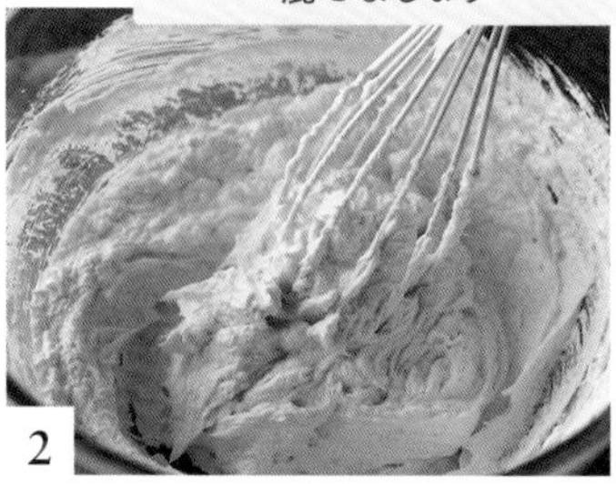

2
容器に卵を入れて溶きほぐし、**1**に混ぜながら数回に分けて加える。

生地を作る

3
2を半量に分けてボウルに入れ、プレーン生地の材料とチョコレート生地の材料をそれぞれのボウルにふるい入れ、混ぜる。

焼き上がり後に串を刺して生地がついてくる場合は、追加で10分焼きましょう

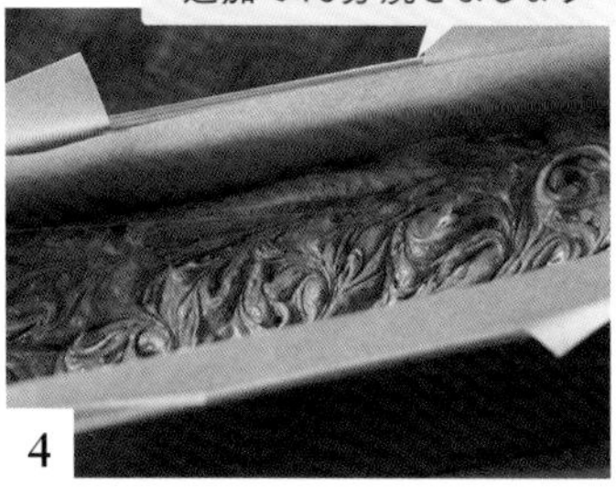

4
オーブンシートを敷いたパウンド型にマーブル状（下記Advice参照）になるように**3**を入れ、160℃に予熱したオーブンで40分焼く。

仕上げをする

5
グラニュー糖と水を鍋に入れ、中火にかけてグラニュー糖を溶かし、粗熱を取ってラム酒を加える。**4**の焼き上がり後すぐにハケで塗る。

6
粗熱が取れるまで冷まし、冷蔵庫で1日休ませる。

Advice

マーブル状にするコツ
工程4できれいなマーブル状にするためには、プレーン生地とチョコレート生地をさっと2回程度混ぜるだけにしましょう。

メレンゲクッキー

「卵白がたくさん余ったときに作っているクッキーです。
綿あめを食べているような味わいです。」

材料（20個分）

メレンゲクッキー

卵白……………………………40g
グラニュー糖 ………………50g
コーンスターチ……………10g

★ メレンゲクッキーを作る

1 ボウルに卵白を入れ、コシを切るように混ぜて泡立てる。

仕上がりの目安は、ツノが立つくらいになればOKです

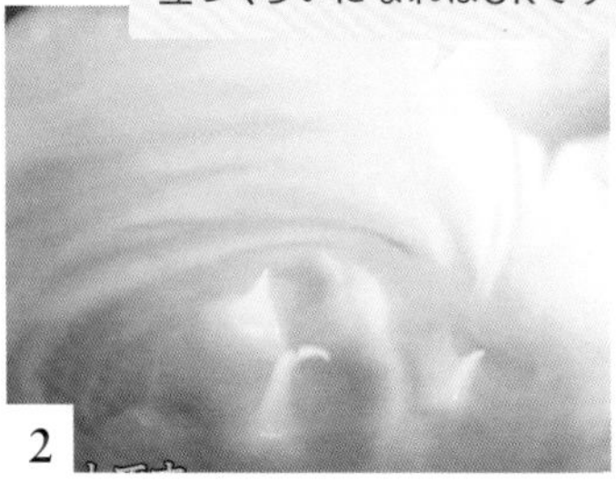

2 グラニュー糖を4回に分けて加え、混ぜて泡立てる。これを繰り返す。

3 ツノが立ったらコーンスターチをふるい入れ、ボウルの底から優しく混ぜる。

絞るときの口金は、大きいほうが絞りやすいです

4 **3**を絞り袋に入れ、天板にオーブンシートを敷き、絞る。

焼き上がり後は湿気に弱いので、乾燥剤と一緒に保存しましょう

5 100℃に予熱したオーブンで60〜90分焼く。

Advice

コーンスターチがないときは

コーンスターチがなければ同量の片栗粉でも代用可能です。

フロランタン

「トースターで手軽に作れて、チャンネル内でも
“何度でも作りたくなる”と反響の多いスイーツです。」

材料（作りやすい分量）

クッキー生地
- 食塩不使用バター（室温に戻す）……50g
- グラニュー糖……50g
- 全卵（溶く）……30g分
- 薄力粉……100g

仕上げ用
- 食塩不使用バター……20g
- グラニュー糖……50g
- 生クリーム（35％）……50mℓ
- はちみつ……35g
- アーモンドスライス……100g

クッキー生地を作る

1
ボウルにバターを入れて混ぜ、なめらかなポマード状にし、グラニュー糖を加えてさらに混ぜる。

2
1に溶き卵を混ぜながら2回に分けて加える。

3
薄力粉をふるい入れ、混ぜてひとまとめにし、ラップに包み、冷蔵庫で2時間休ませる。

仕上げをする

4
3を麺棒などで3㎜の厚さに伸ばし、オーブンシートを敷いた天板にのせ、予熱したトースターで13〜15分焼く。

5
鍋にアーモンドスライス以外の材料を入れて火にかけ、混ぜ続けて全体に濃度が出たら、アーモンドスライスを加えてさらに混ぜる。

6
5を4の上に広げ、予熱したトースターで15〜20分焼く。

7
全体に焼きムラが出ないように、途中で前後、左右を入れ替えながら、表面に焼き色をつける。

必ず熱いうちに
切るようにしましょう

8
熱いうちに食べやすい大きさに切る。

Advice

お好みのナッツでも

アーモンドスライスの代わりに、砕いたナッツや半分に切ったアーモンドをのせて焼いてもおいしく楽しめます。

ガレットブルトンヌ

「バターをたっぷり使って、粗塩が生地の甘味を引き立てています。
厚焼きなので食べごたえも十分です。」

材料（5.5㎝のセルクル型9個分）

クッキー生地

食塩不使用バター（室温に戻す）……125g
粉糖……90g
卵黄……60g
薄力粉……125g
粗塩（お好みの塩でも可）……3g

仕上げ用

卵黄……20g
水……少々

クッキー生地を作る

1

ボウルにバターを入れて混ぜ、ポマード状にして粉糖を加え、すり込むように混ぜる。

2

卵黄を加え、全体を混ぜてなじませる。

3

薄力粉、粗塩をふるい入れて切るように混ぜる。

仕上げをする

4

3をまとめ、オーブンシートを敷いた天板にのせ、麺棒などで1cmの厚さに伸ばし、ラップをして冷蔵庫で半日ほど休ませる。

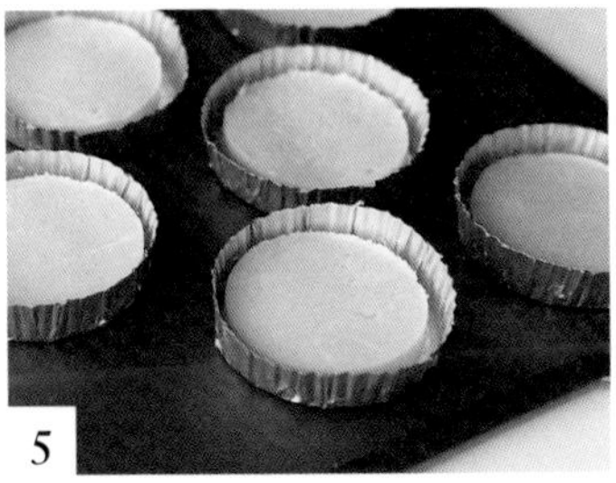

5

5.5cmのセルクル型で4を抜き、表面にサラダ油(分量外)を塗ったアルミカップに入れる。

6

卵黄に水を加えて混ぜ、5の表面にハケで2度塗りする。フォークで線を引いて飾る。

7

160℃に予熱したオーブンで、20〜30分焼く。焼き上がり後は、粗熱が取れるまで休ませる。

Advice

混ぜ方のコツ

工程3で混ぜるときは、粘り気が出ないように粉を合わせる程度で切るように優しく混ぜてください。

ガトーバスクショコラ

「フランスのバスク地方の伝統的なお菓子に
チョコレートのフレーバーを足して
濃厚に焼き上げています。」

材料（15㎝のセルクル型1台分）

チョコレートクリーム

クーベルチュールスイート
フレーク（カカオ56%）…60g
卵黄…60g
グラニュー糖…40g
薄力粉…20g
牛乳…250㎖

生地

食塩不使用バター（室温に戻す）…150g
グラニュー糖…70g
全卵（溶く）…60g分
A アーモンドパウダー…50g
A 薄力粉…105g
A ココアパウダー…15g
A ベーキングパウダー…1g
塩…2g

仕上げ用

卵黄…1個
水、インスタントコーヒー（粉）…各少々

☆チョコレートクリームを作る

1
耐熱ボウルに卵黄、グラニュー糖を加えて混ぜ、白っぽくなるまで泡立てる。

2
1に薄力粉を加え、全体に混ぜてなじませる。

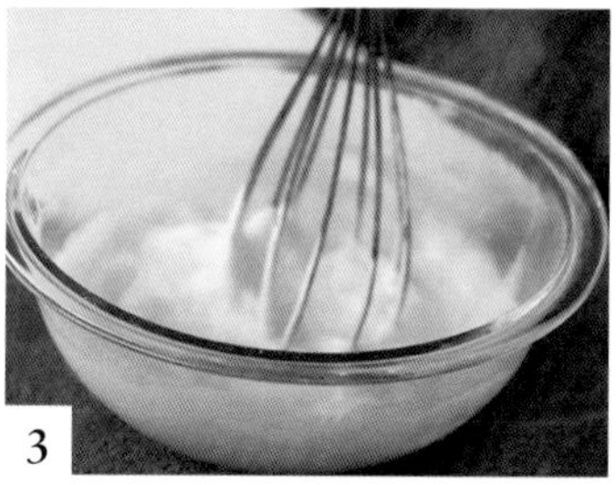

3
2に電子レンジで30秒加熱して温めた牛乳を加えて混ぜる。

4
鍋に3を濾しながら入れ、中～弱火で混ぜながら加熱する。

5
ツヤのあるなめらかな状態になったら火から外し、クーベルチュールを加えて混ぜる。

6
耐熱容器に移し、ラップを密着させて冷ます。

生地を作る

7

ボウルにバターを入れて混ぜ、やわらかくなったらグラニュー糖を加えて混ぜる。

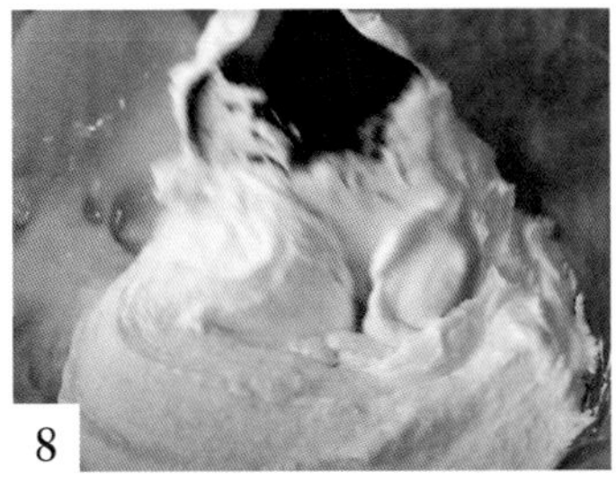

8

7に溶き卵を混ぜながら少しずつ加える。

9

Aをふるい入れ、塩を加えて切るように混ぜる。

仕上げをする

10

全体をまとめて絞り袋に入れ、天板においたセルクル型に円を描くように入れ、スプーンなどで表面をなめらかにならす。

11

6を絞り袋に入れ、10の上に絞り、スプーンなどで表面をなめらかにならす。

12

卵黄、水、コーヒーを混ぜ、11の上にハケで塗る。

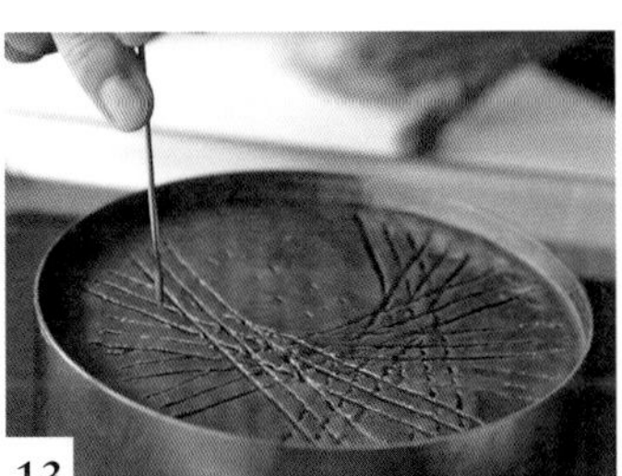

13

フォークで線を引いて飾り、爪楊枝や金串で数カ所に穴を開ける。

型から外すときは、型のフチに
包丁で切り込みを入れて
ゆっくりと外しましょう

14

160℃に予熱したオーブンで45〜60分焼く。

アイスボックス
クッキー

「2種類の生地を使って
見た目と味にこだわりました。
プレゼントとして
喜ばれるクッキーです。」

材料（4×5㎝20枚分）

プレーンクッキー生地
- 食塩不使用バター（室温に戻す）……70g
- 粉糖……40g
- 卵黄……20g
- 薄力粉……130g
- アーモンドパウダー……20g

チョコレートクッキー生地
- 食塩不使用バター（室温に戻す）……70g
- 粉糖……40g
- 卵黄……20g
- 薄力粉……110g
- アーモンドパウダー……20g
- ココアパウダー……20g

★ プレーンクッキー生地を作る

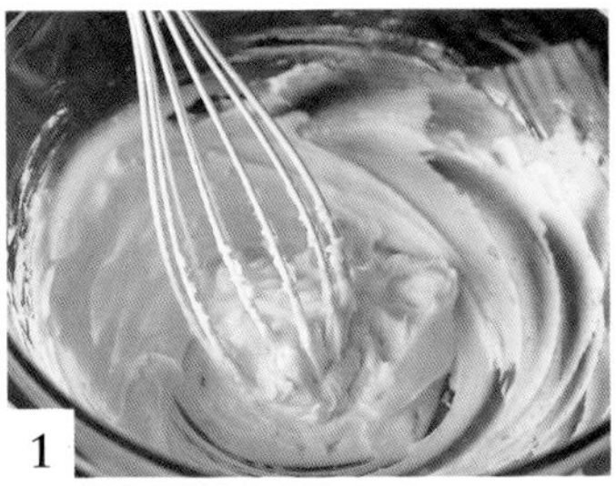
1

ボウルにバターを入れて混ぜ、やわらかくなったら粉糖を加え、さらに混ぜる。

2

卵黄を加えて混ぜ、薄力粉、アーモンドパウダーをふるい入れ、切るように混ぜる。

★ チョコレートクッキー生地を作る

3

ココアパウダー以外のチョコレートクッキー生地の材料で**1**、**2**の工程を再度行い、ココアパウダーをふるい入れて切るように混ぜる。

4

全体がまとまったら、**2**、**3**の生地をラップに包み、麺棒などで3㎜の厚さに伸ばしてラップに包み、冷蔵庫で冷やす。

5

4のどちらかに溶いた卵白(分量外)を塗り、クッキー生地を接着して半分に切り、再度同じ様にクッキー生地を接着し、3等分に切って同様に接着する。

6

ラップに包み、冷蔵庫で半日〜1日休ませる。

★ 仕上げをする

7

6を1㎝幅に切り、ベーキングマットを敷いた天板に並べる。

8

170℃に予熱したオーブンで15〜18分焼く。

タルトタタン

「たくさんのリンゴを
贅沢に使いました。
ほろ苦くて素朴な
味わいのタルトです。」

材料（18㎝の丸型1台分）

リンゴのキャラメリゼ

- リンゴ……6個
- グラニュー糖……120g
- 水……20㎖
- 食塩不使用バター……50g

タルト生地

- 薄力粉……100g
- 食塩不使用バター（室温に戻す）……50g
- 水……20㎖
- 卵黄……20g
- 塩……1g